SPIELGEHEIMNIS
FÜR ERWACHSENE

LABYRINTHE FÜR ERWACHSENE

ActivityCrusades

Veröffentlicht von Speedy Publishing Canada Limited

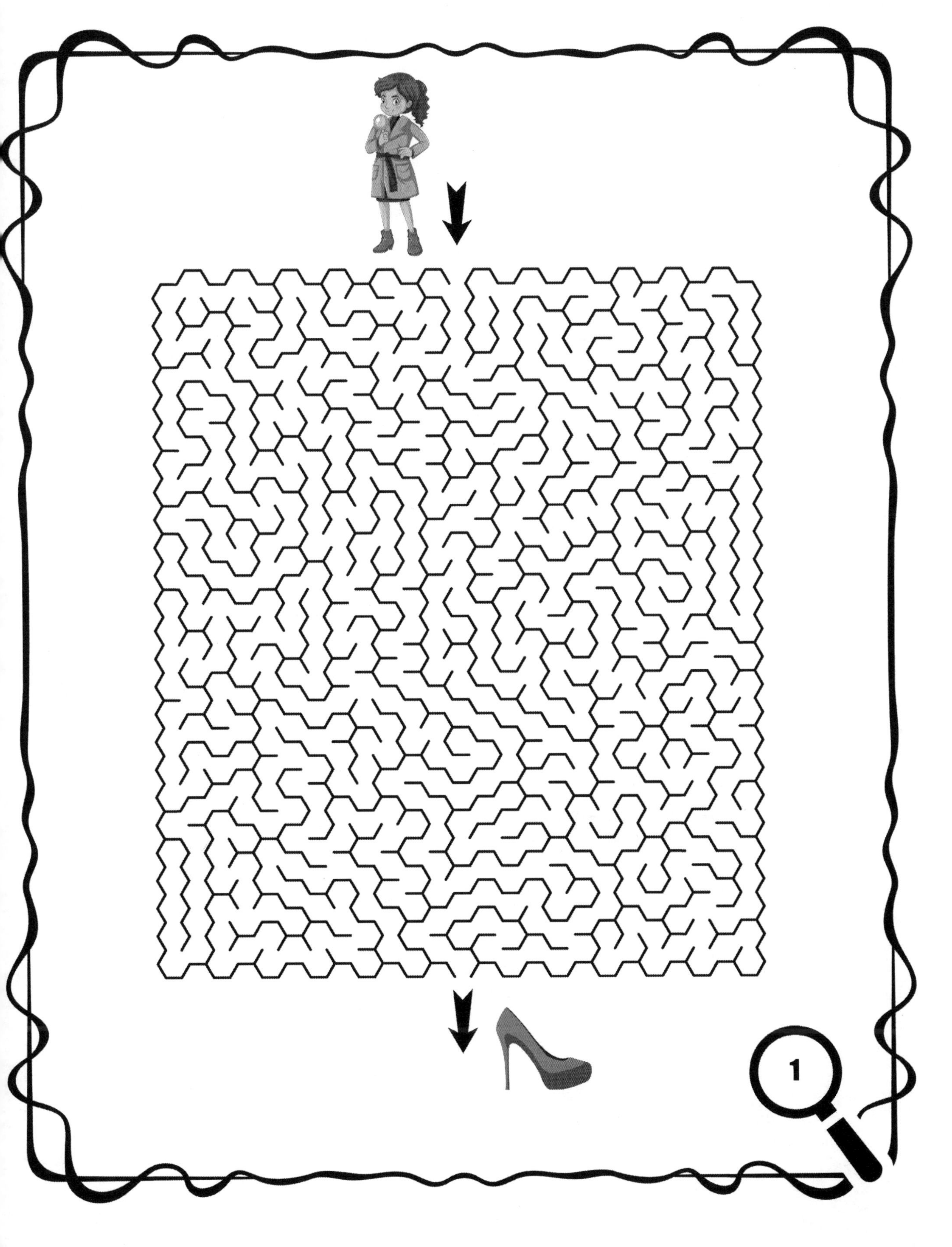
1

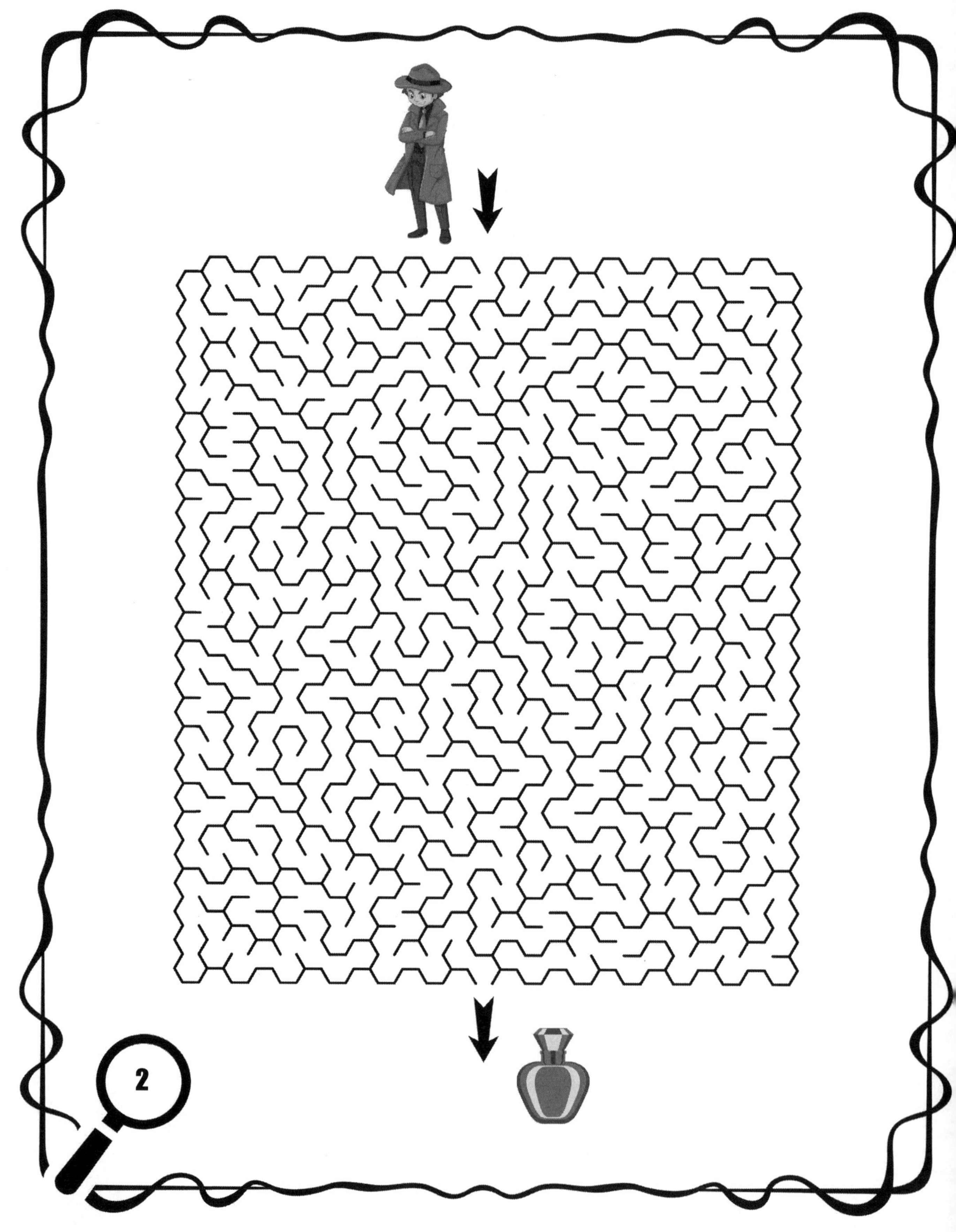

2

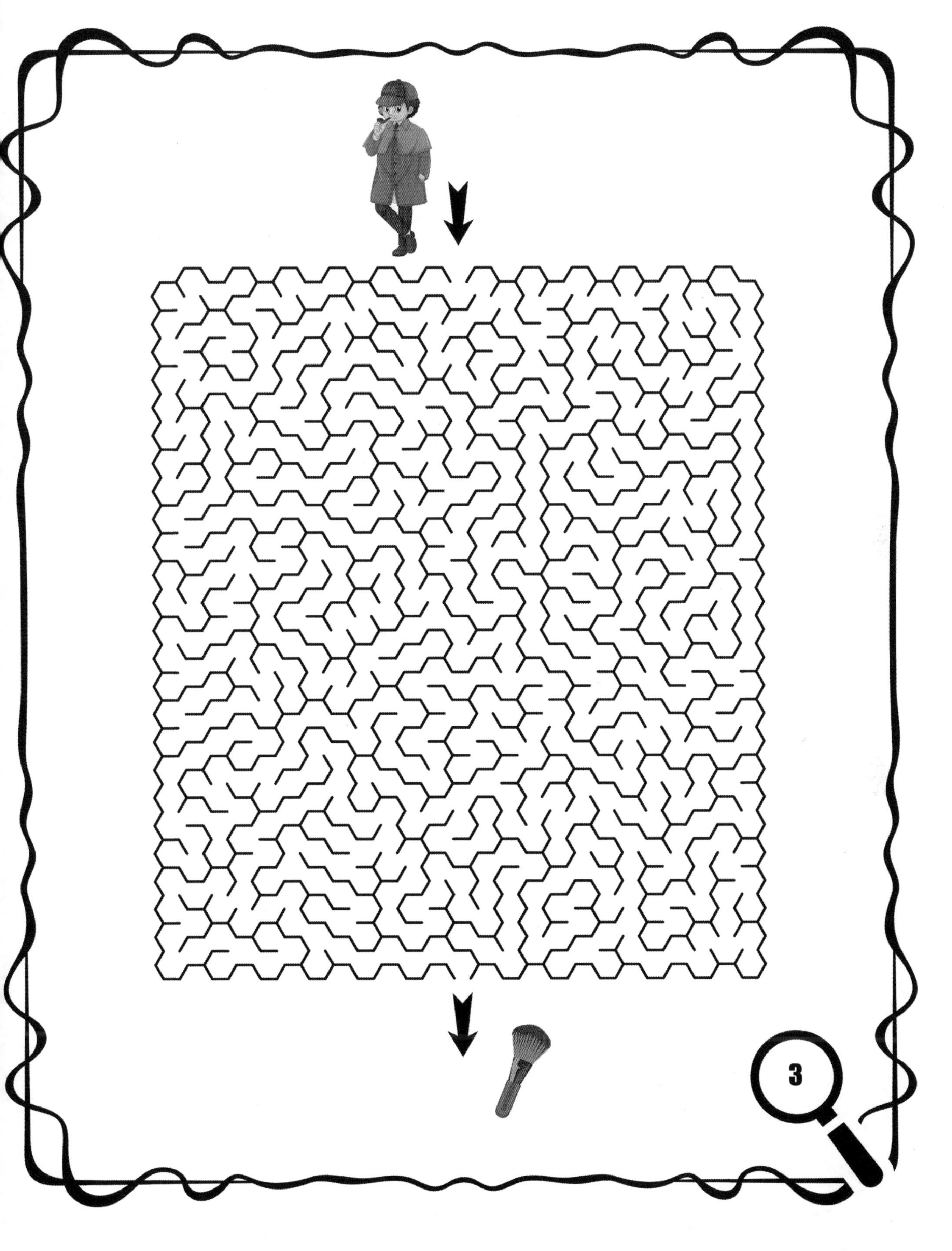
3

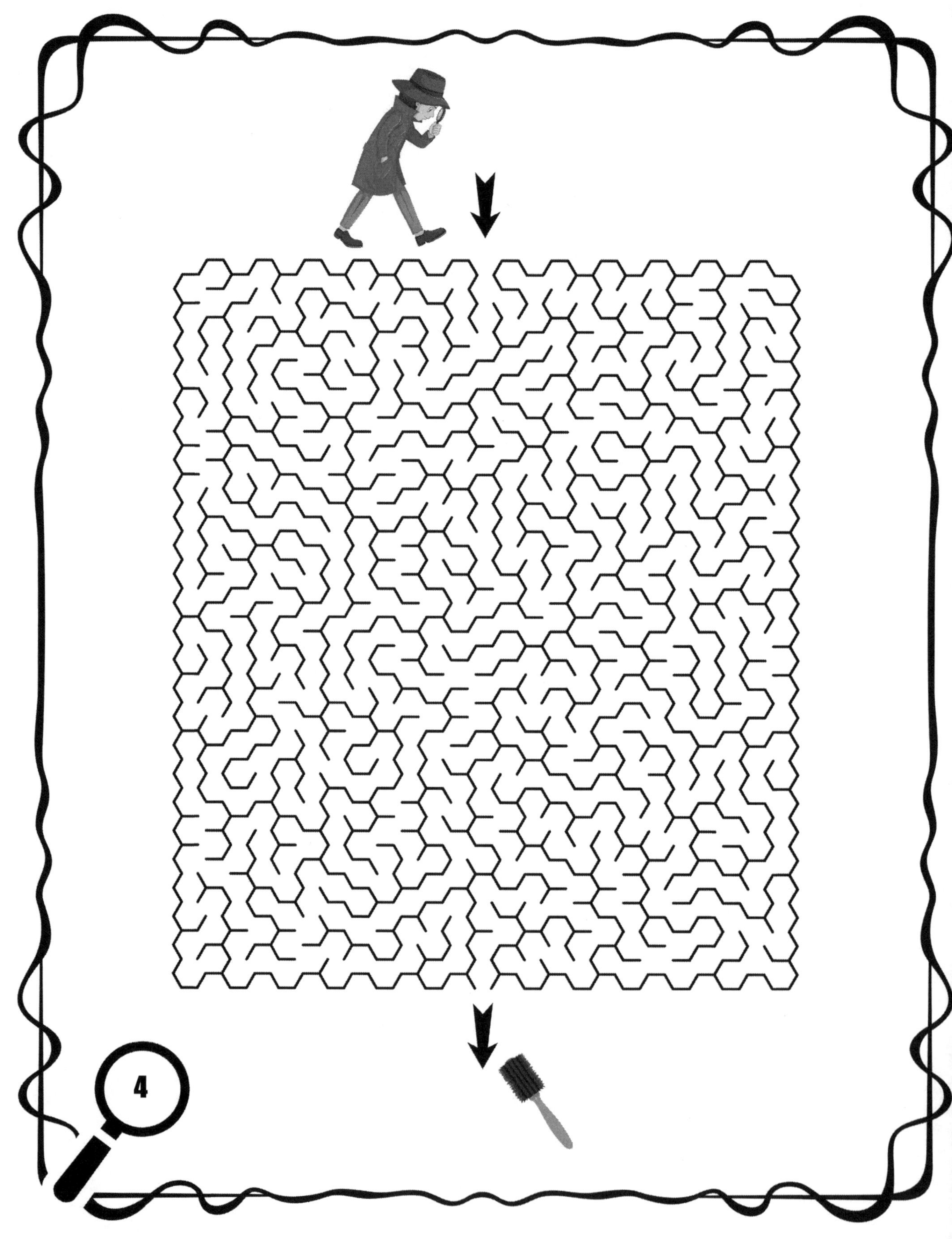

4

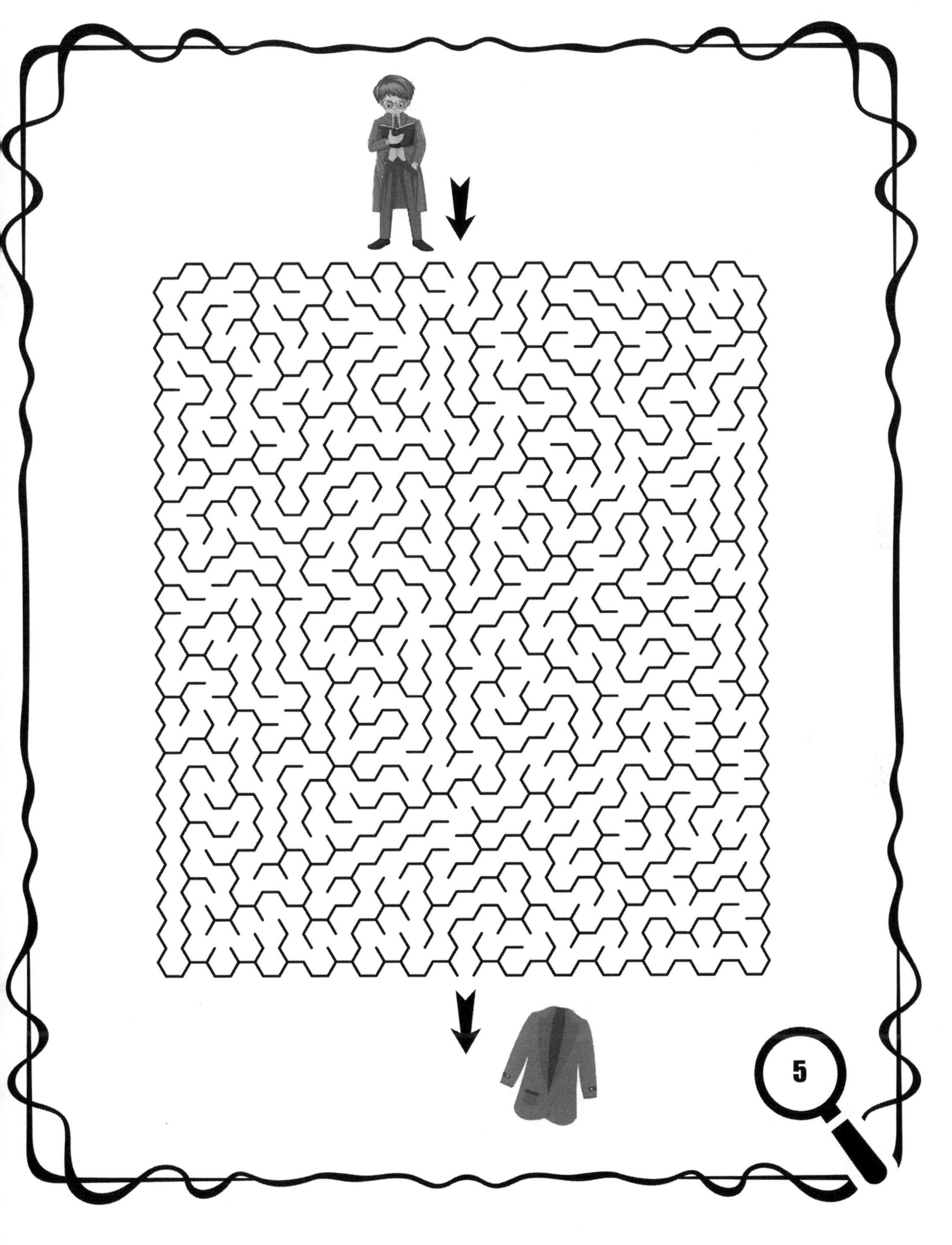

5

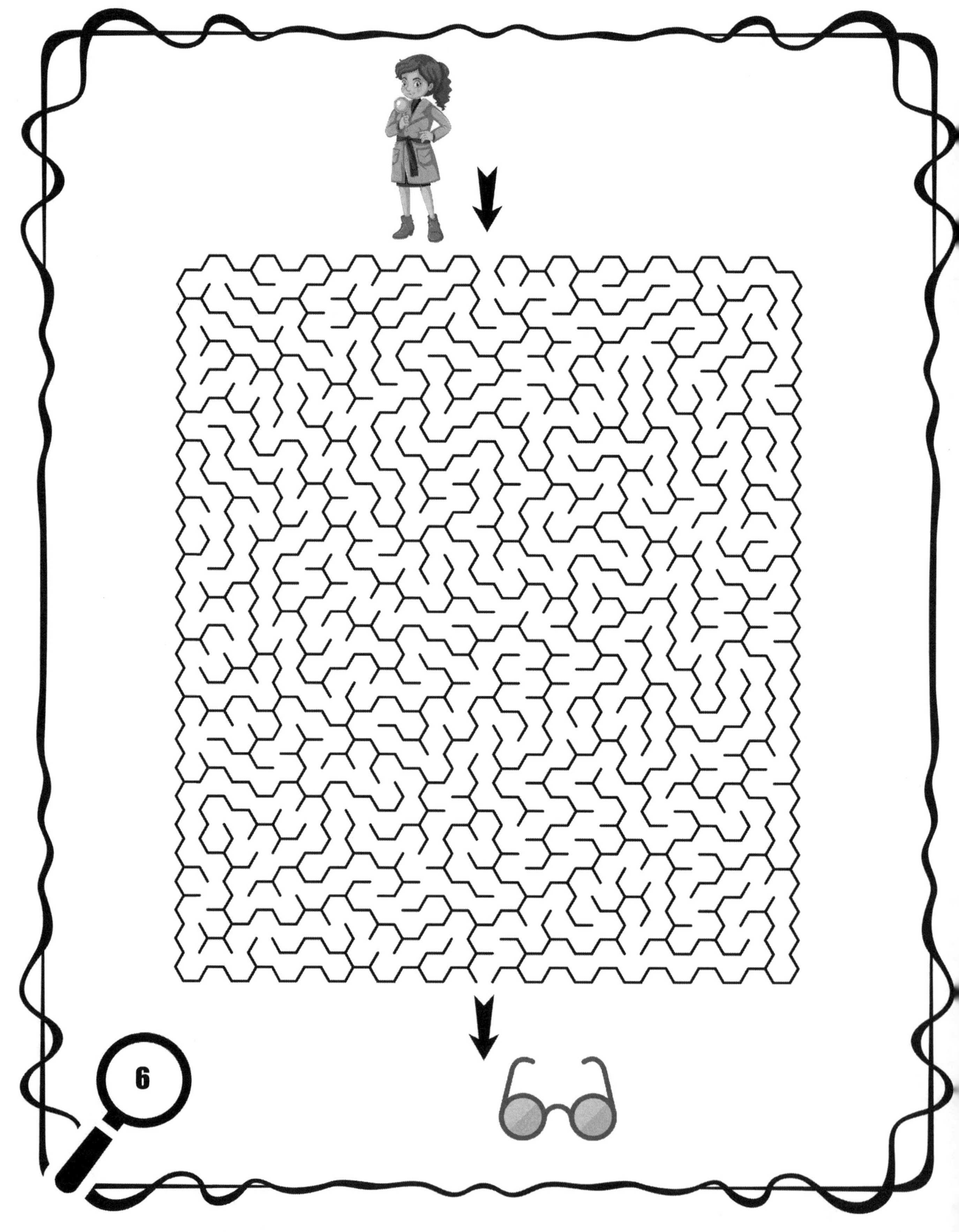

6

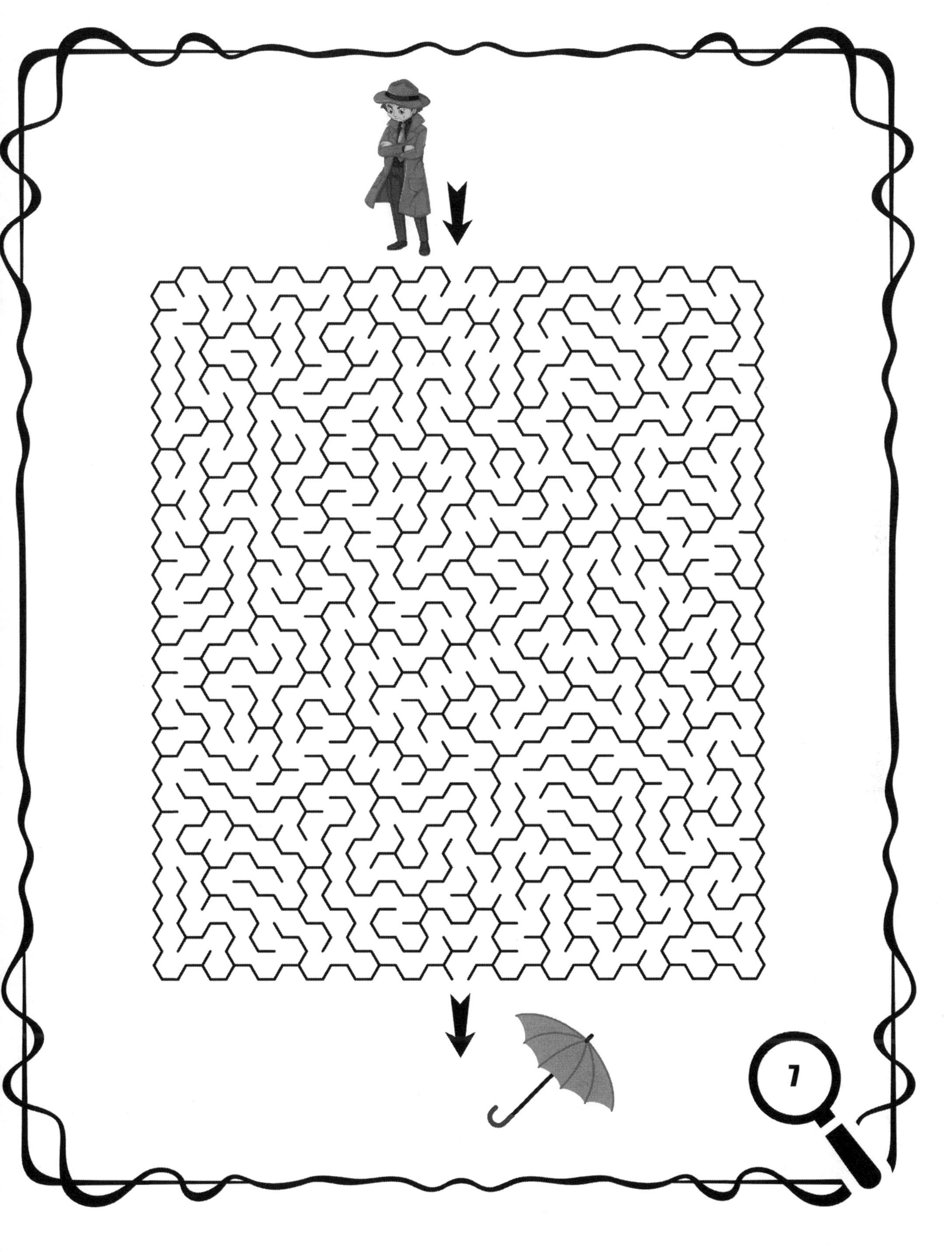

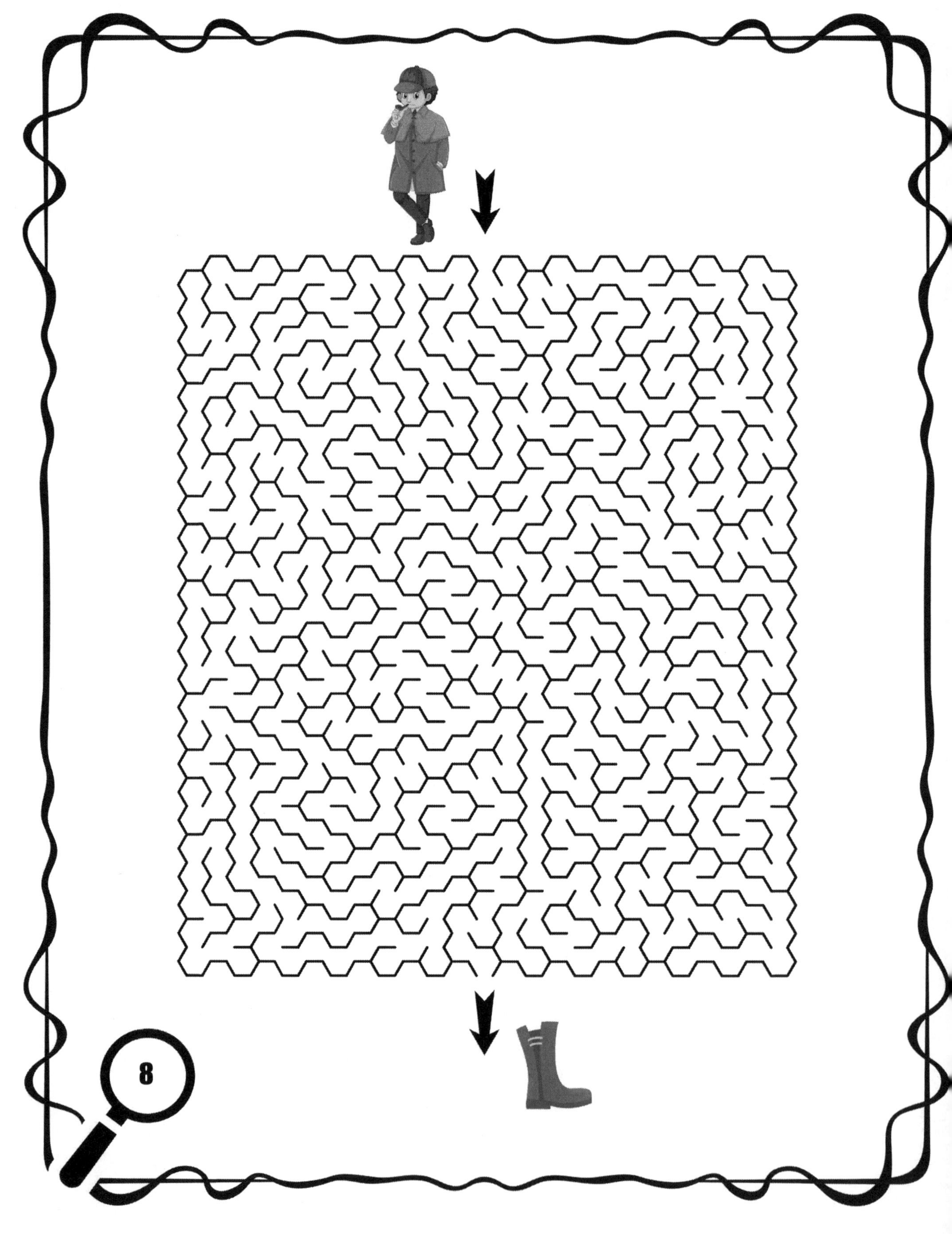

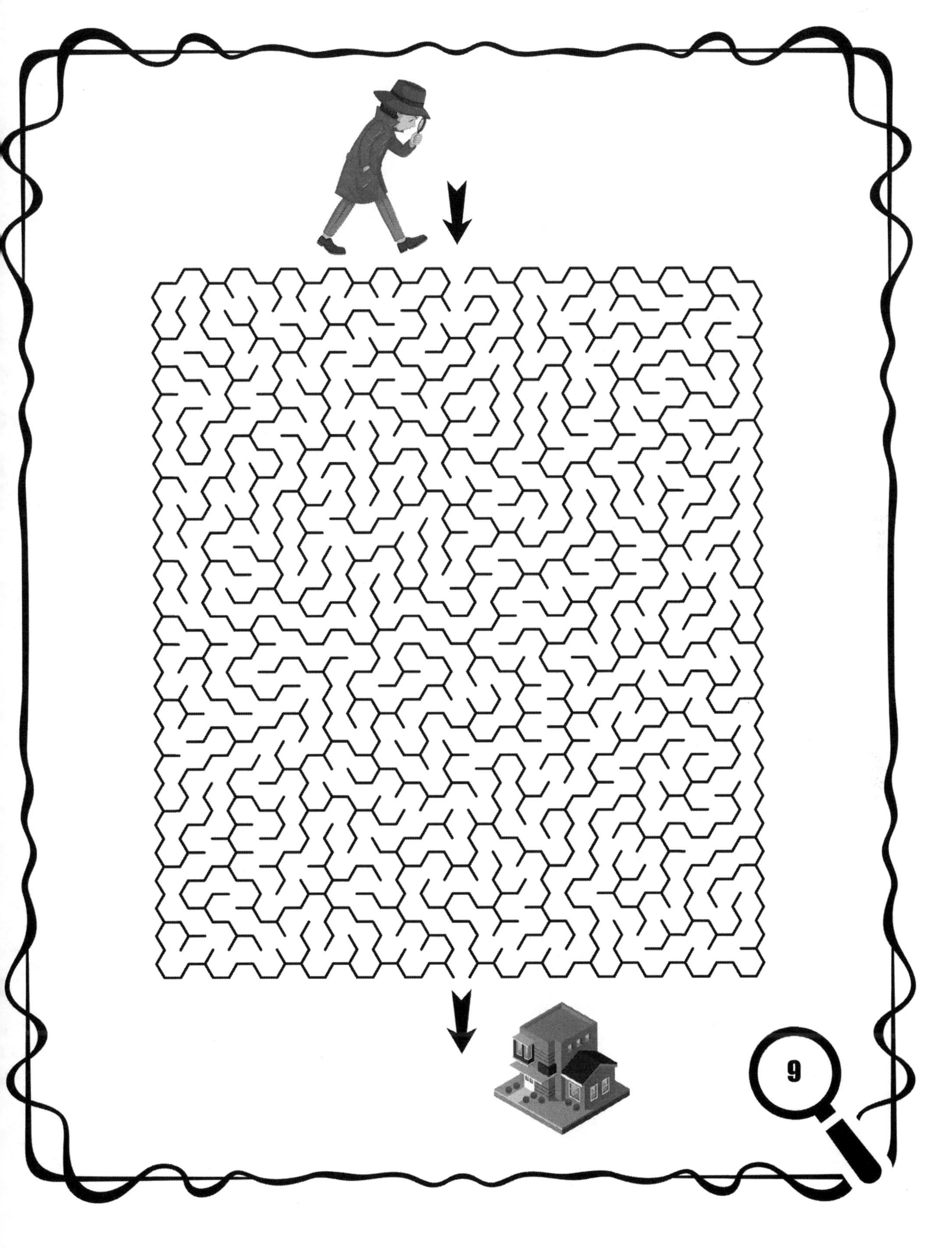

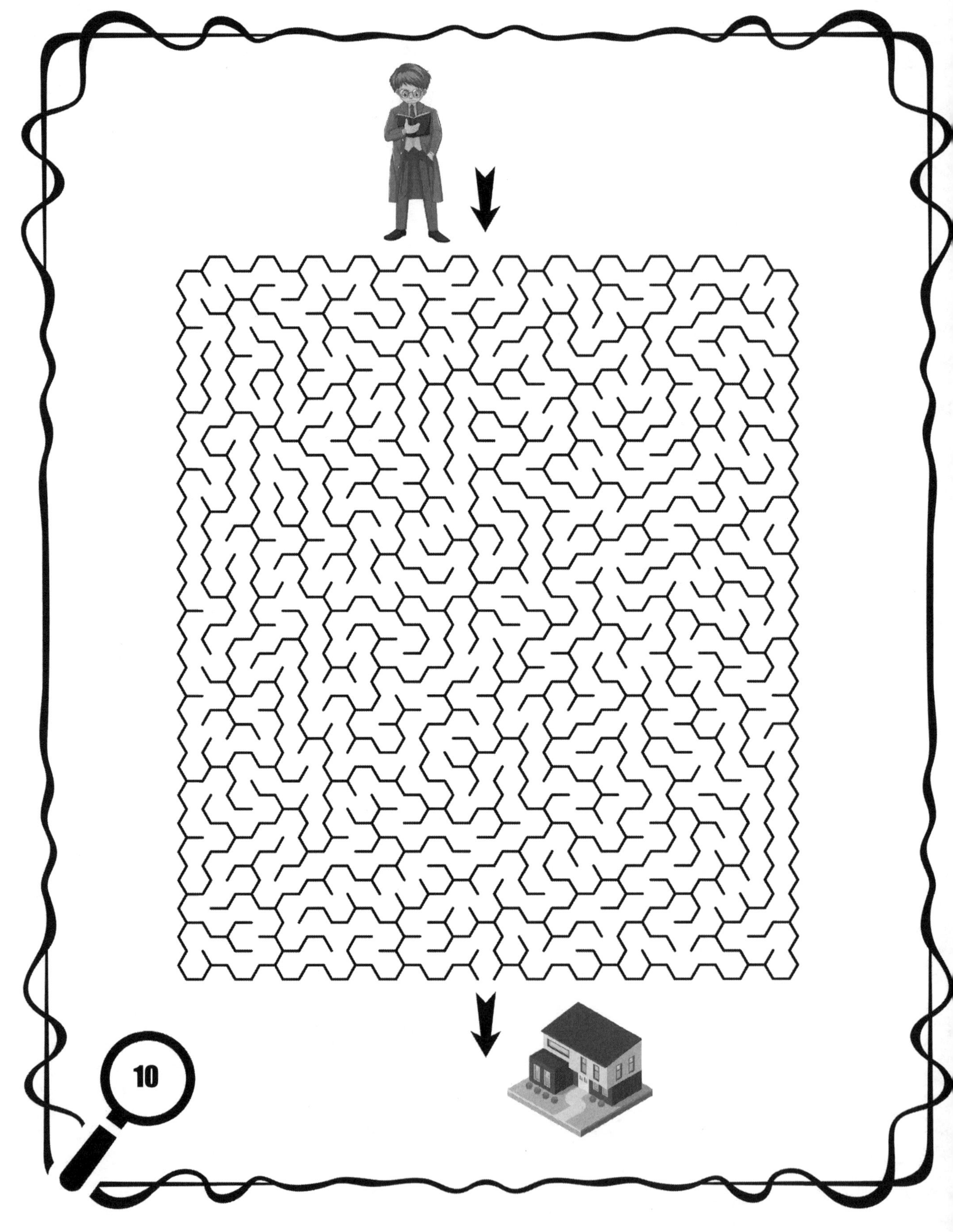

10

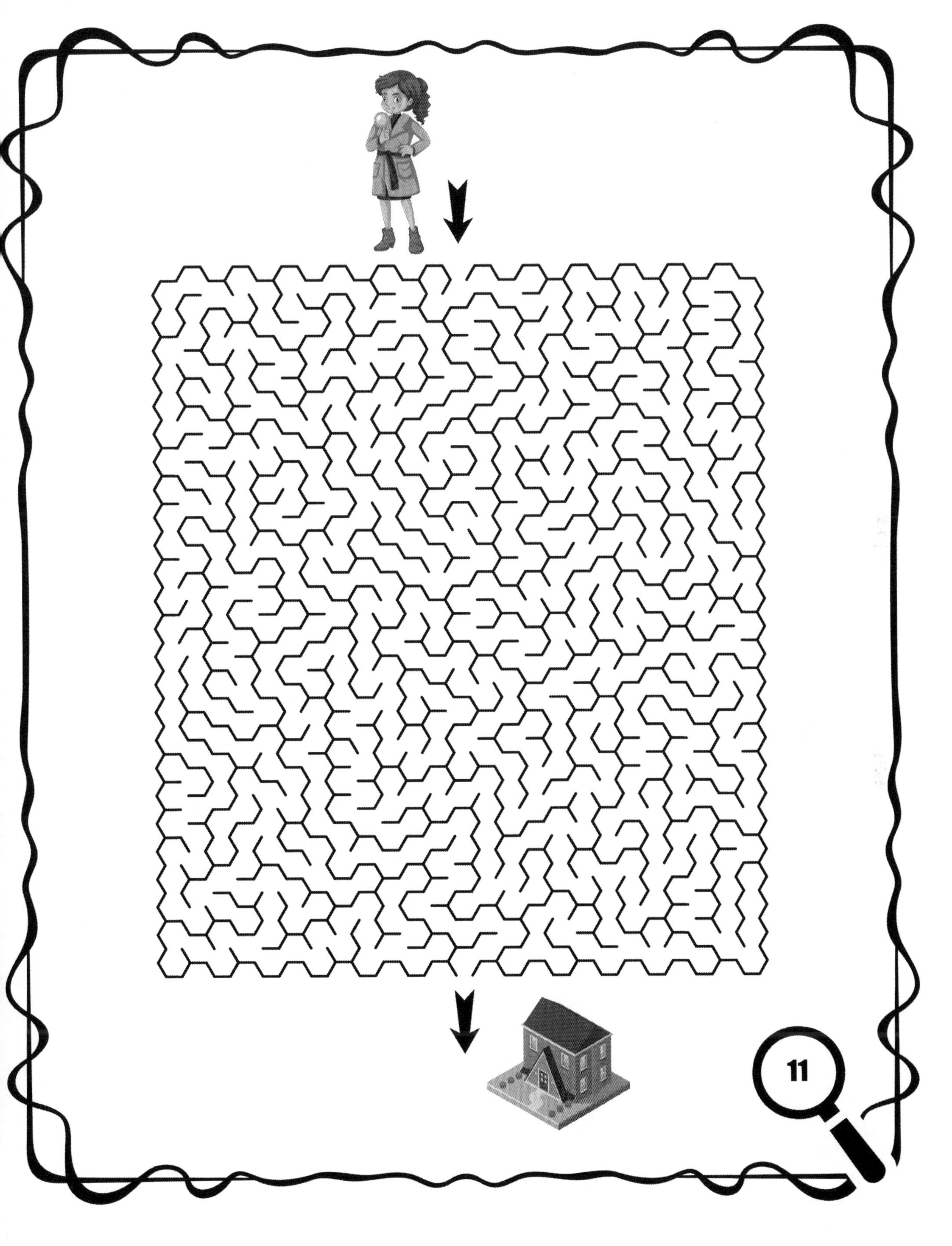

11

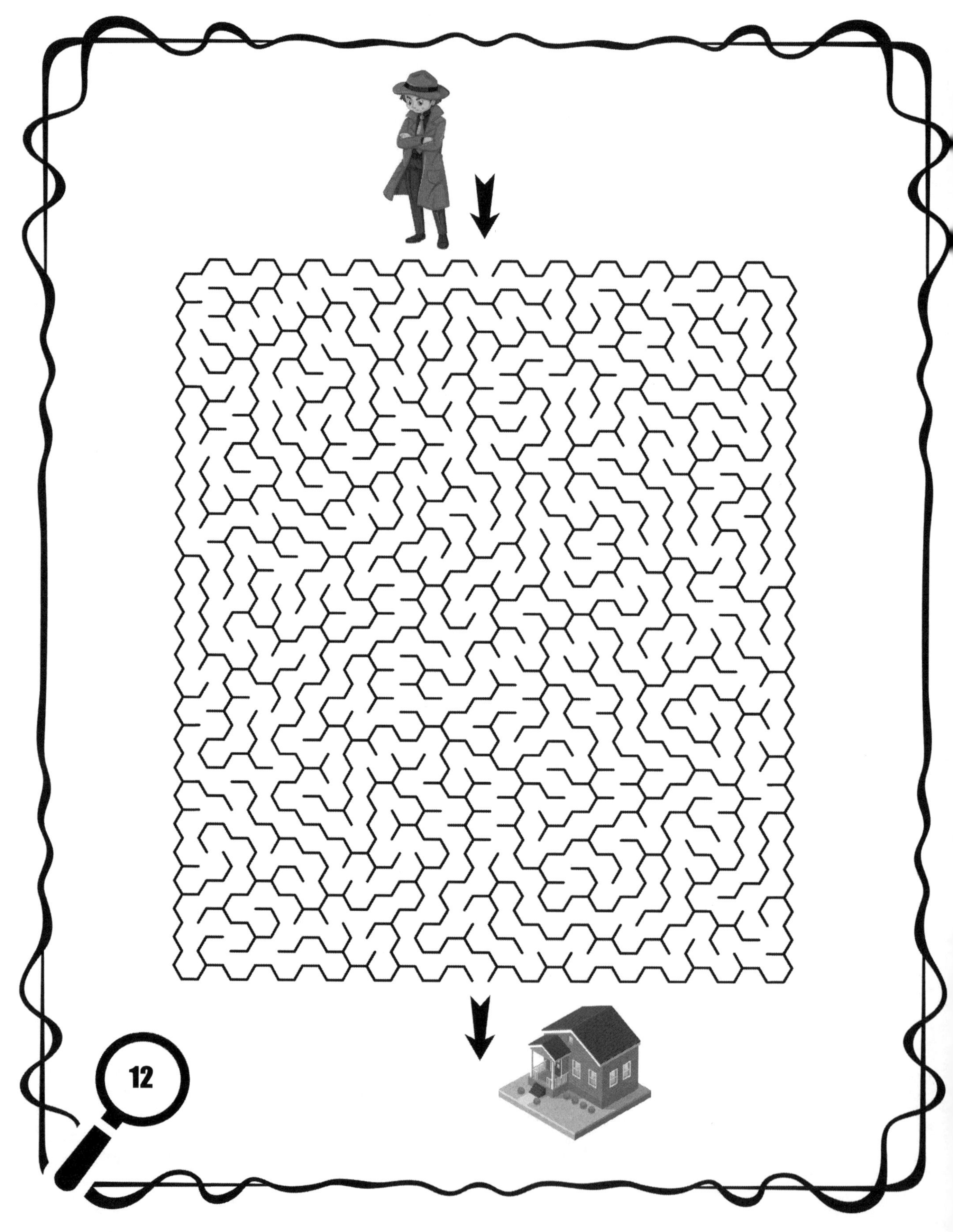

12

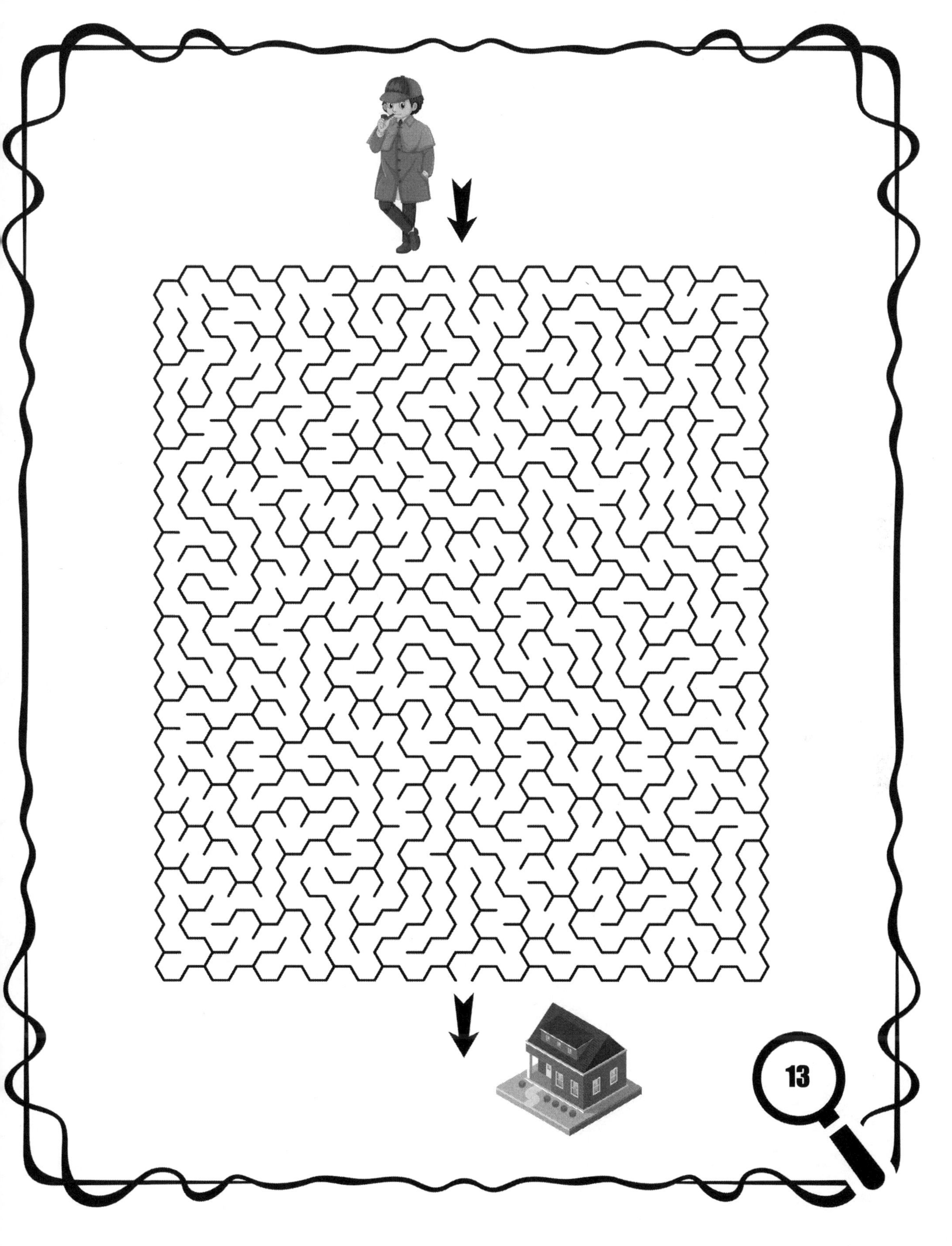

13

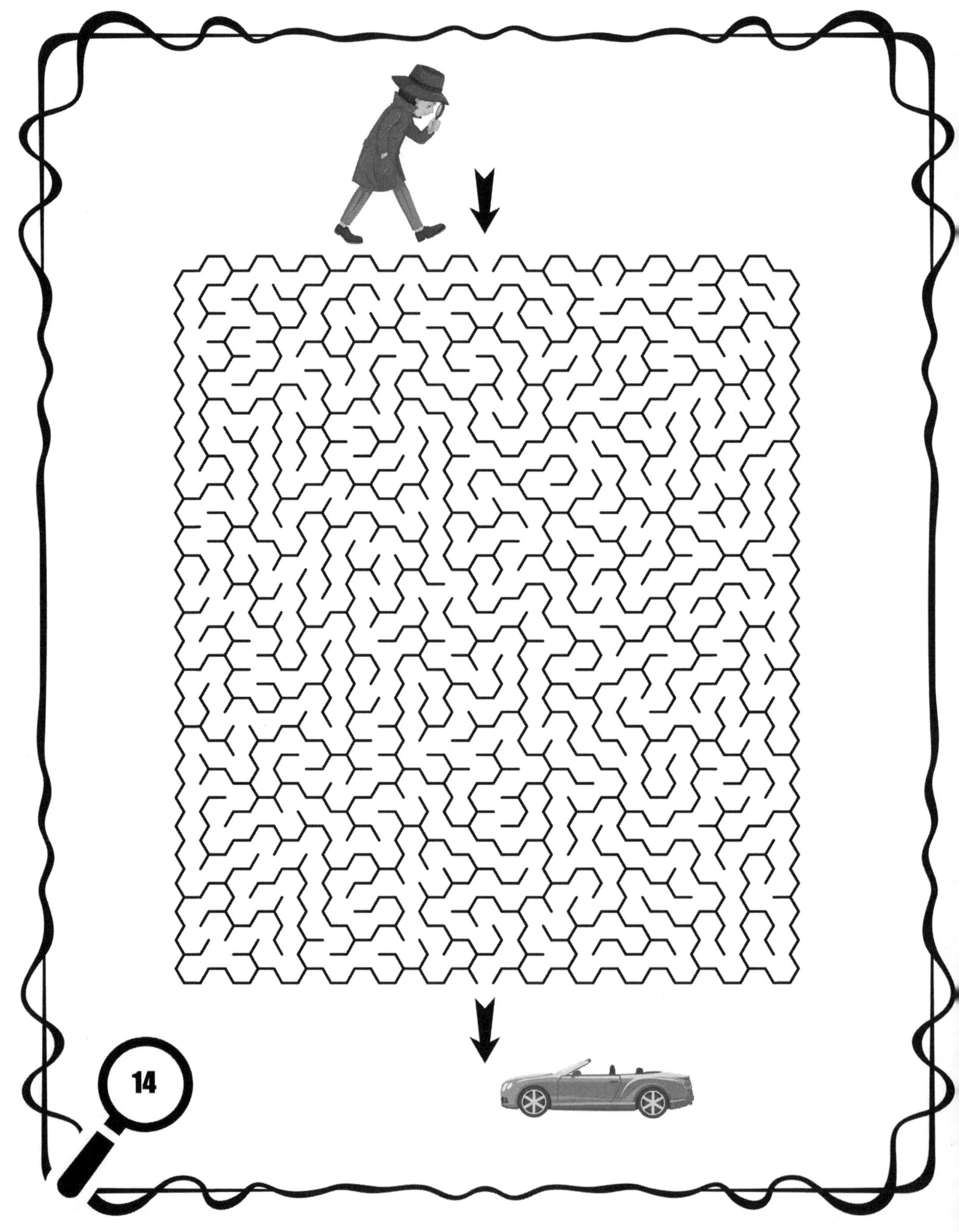

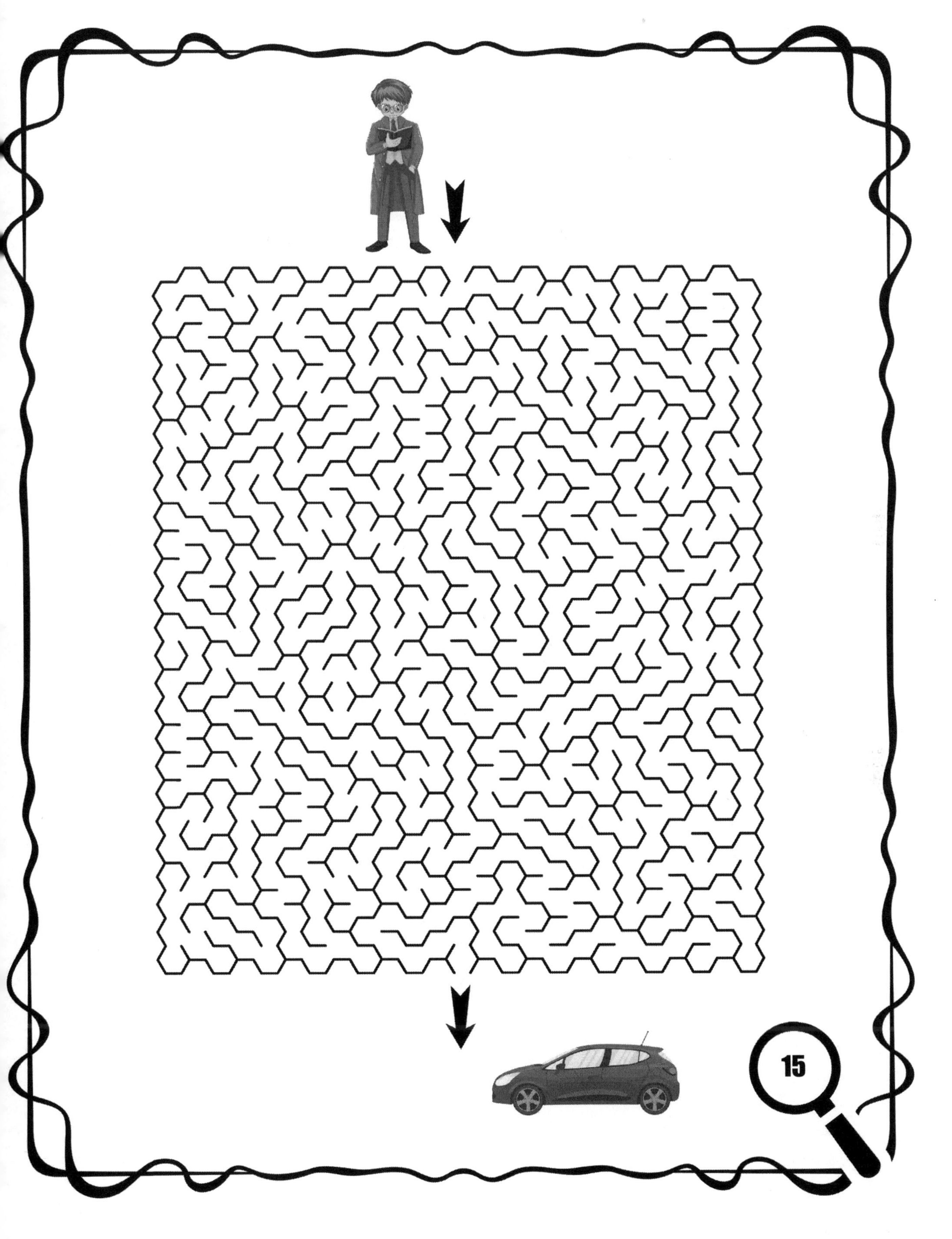

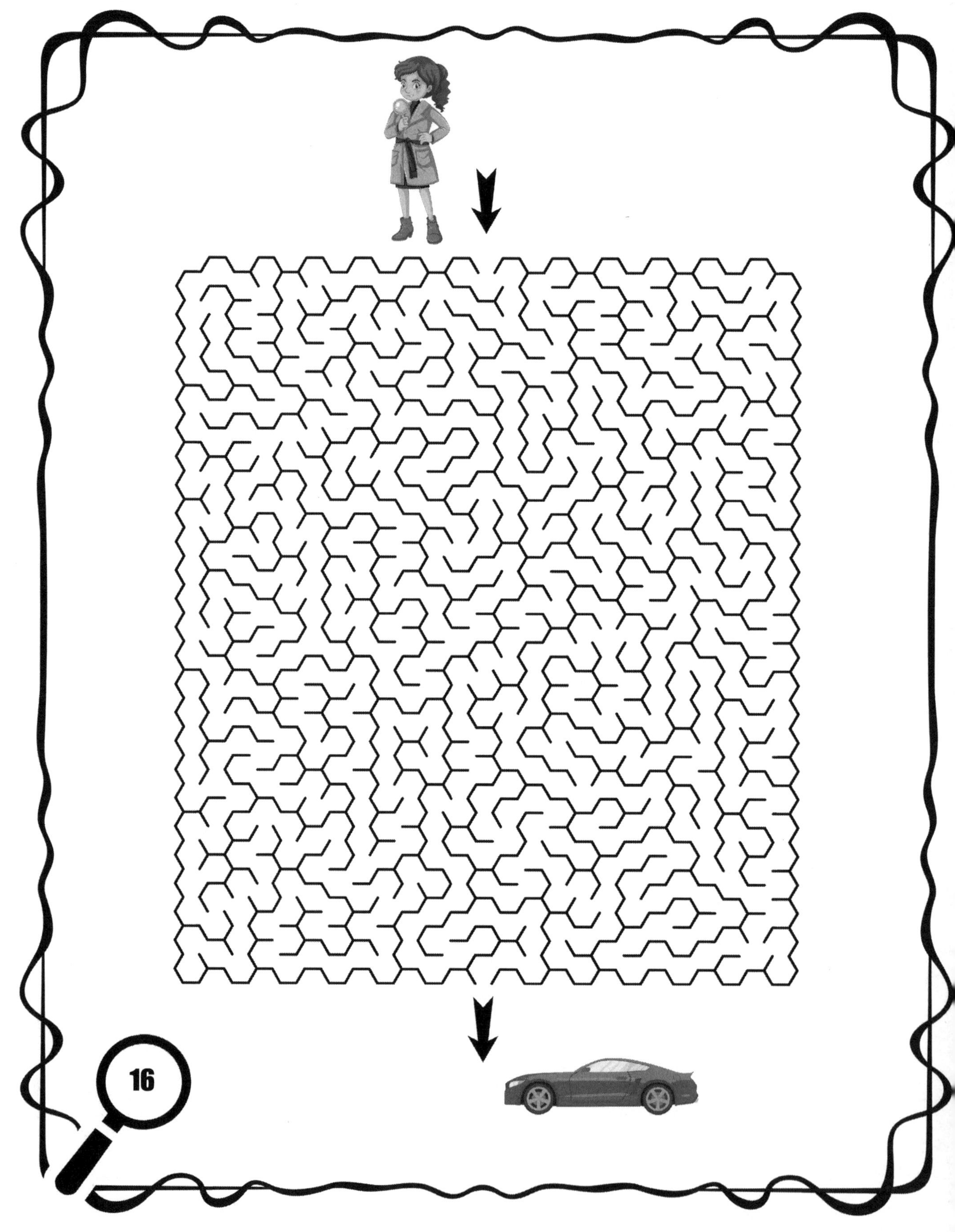

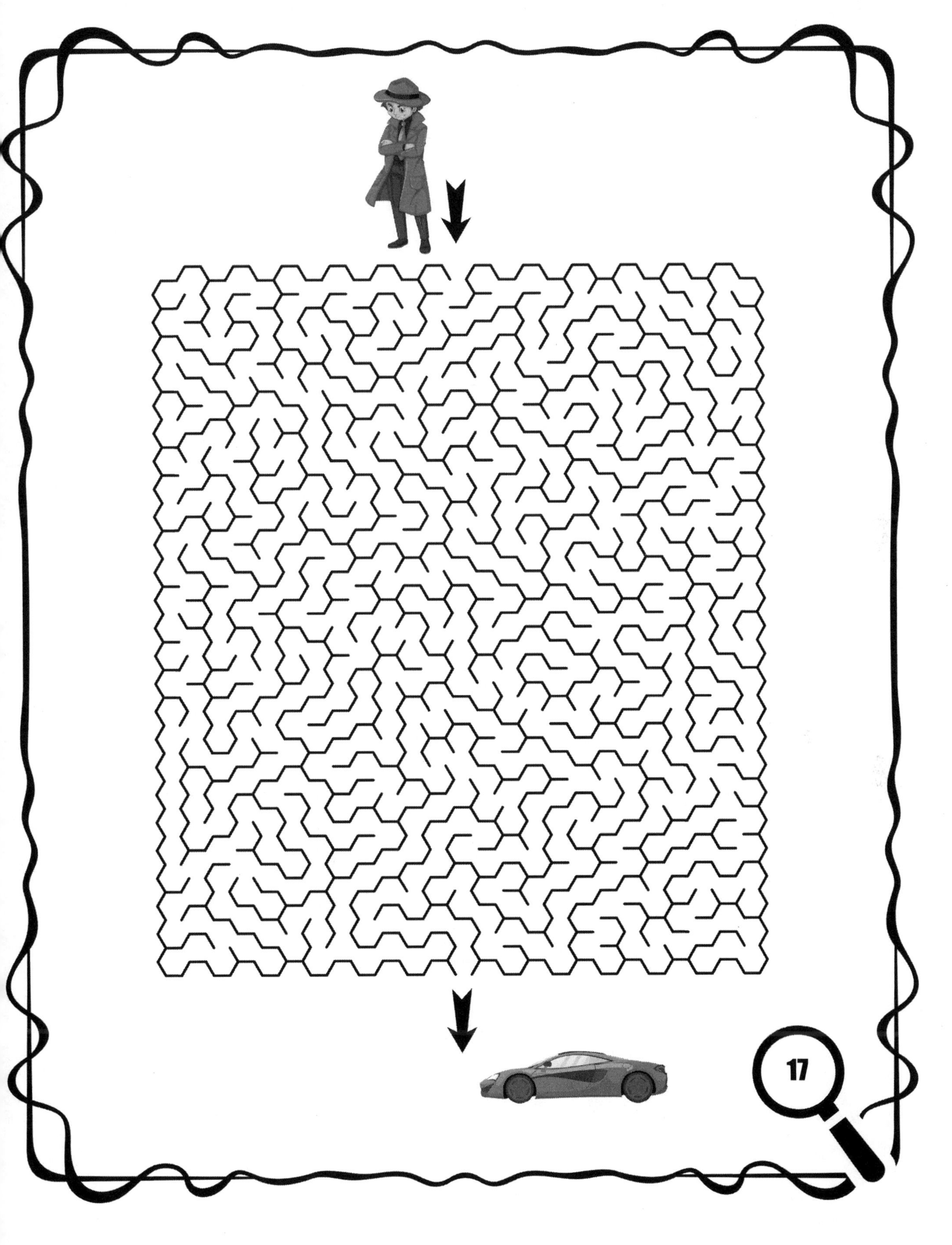
17

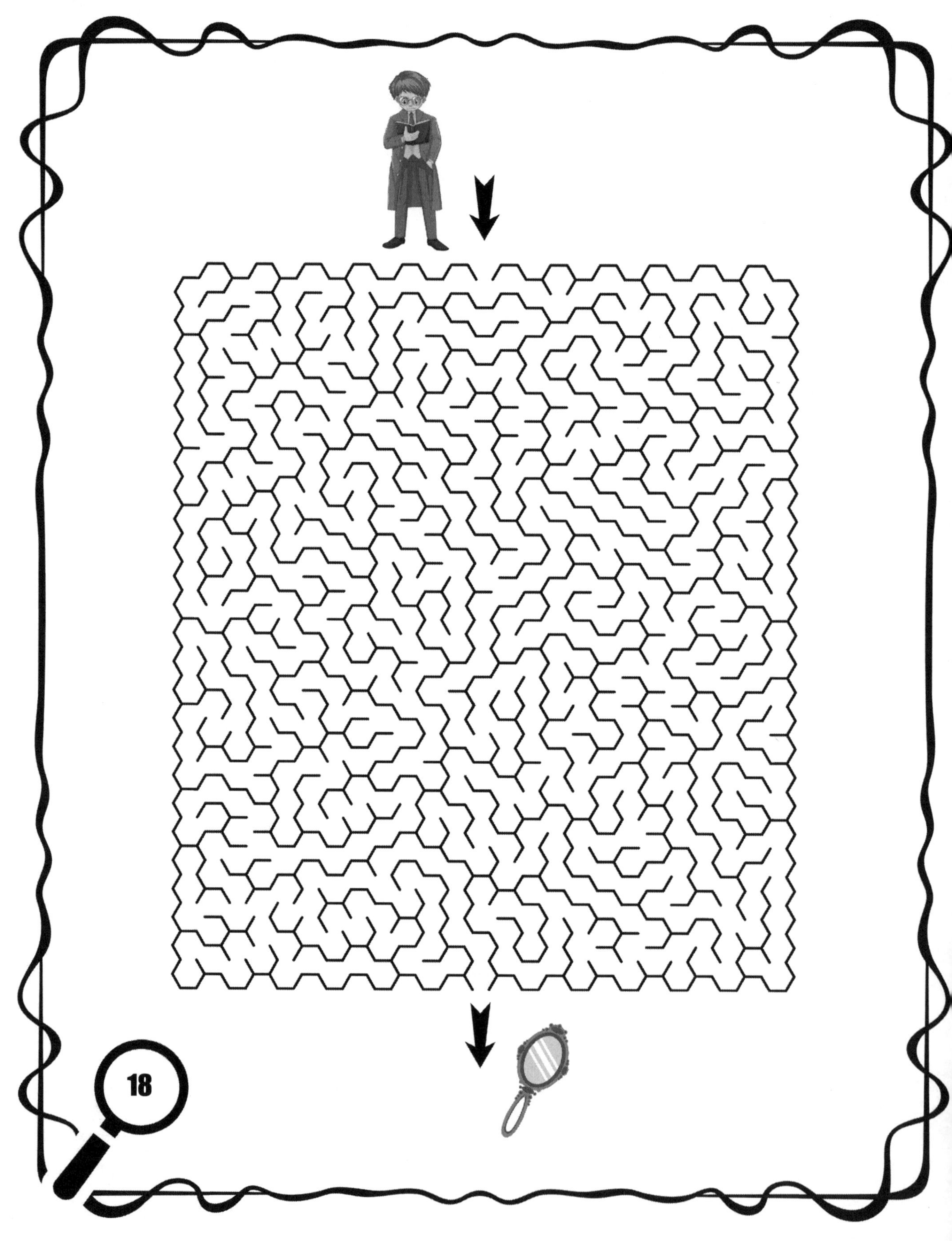

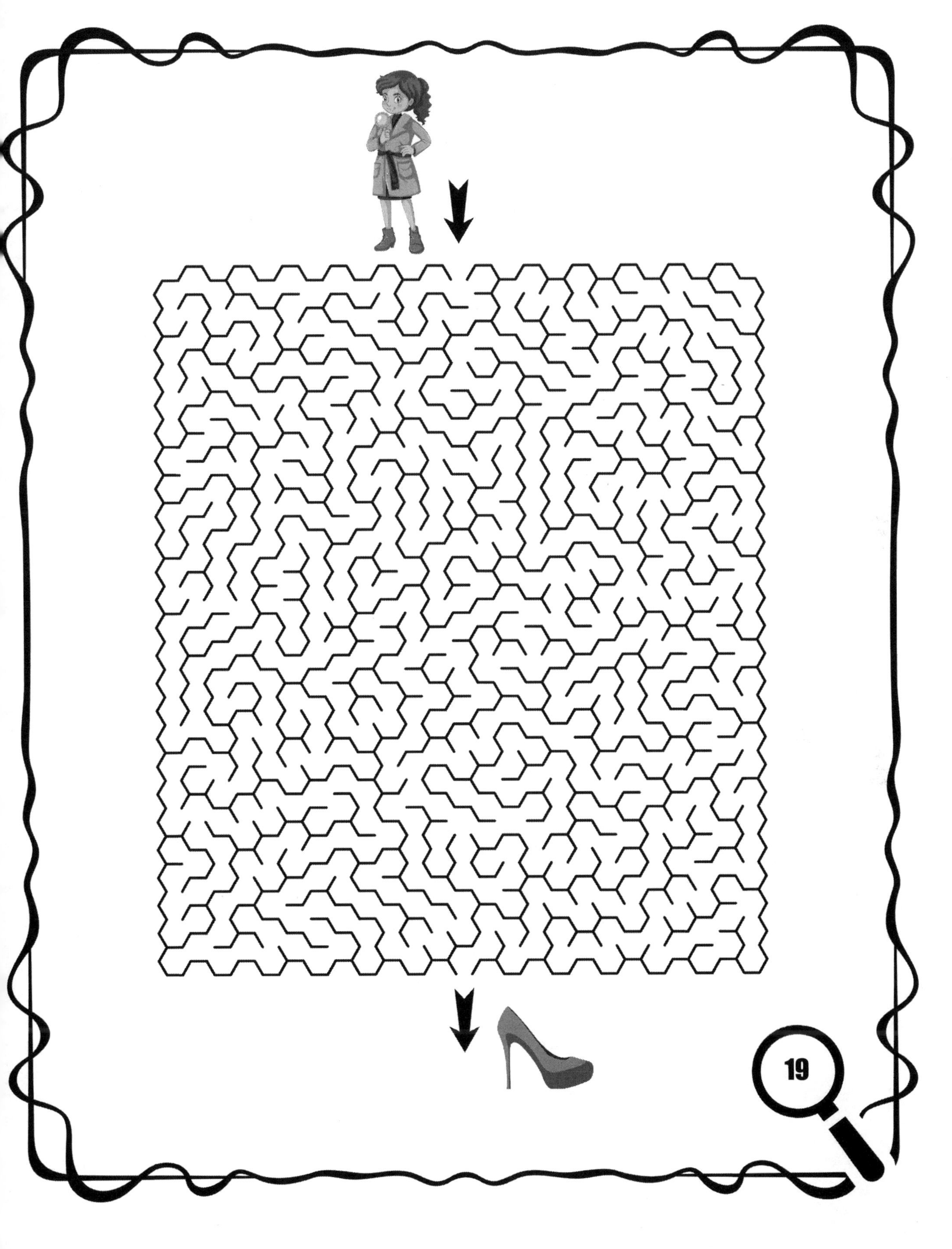

19

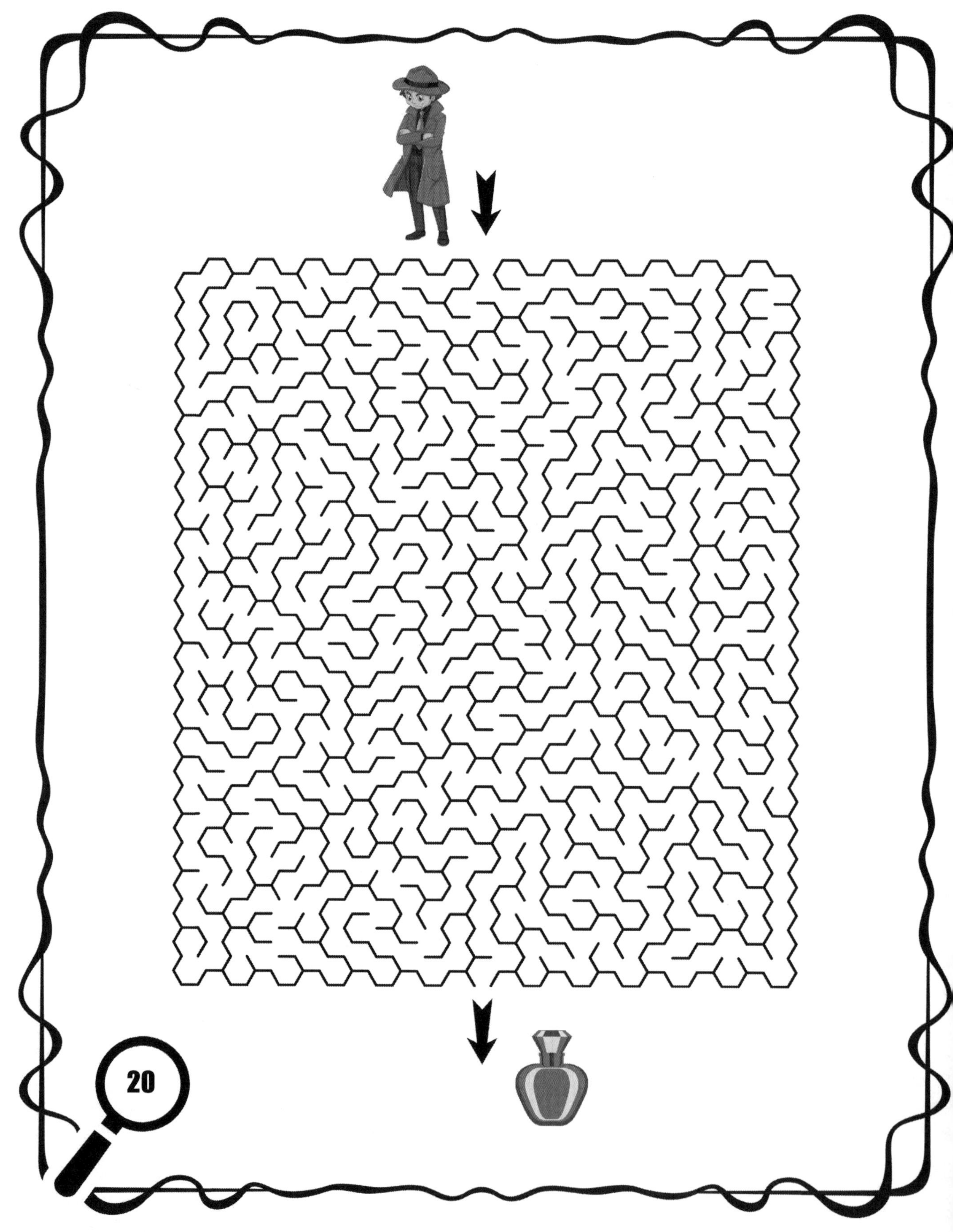

20

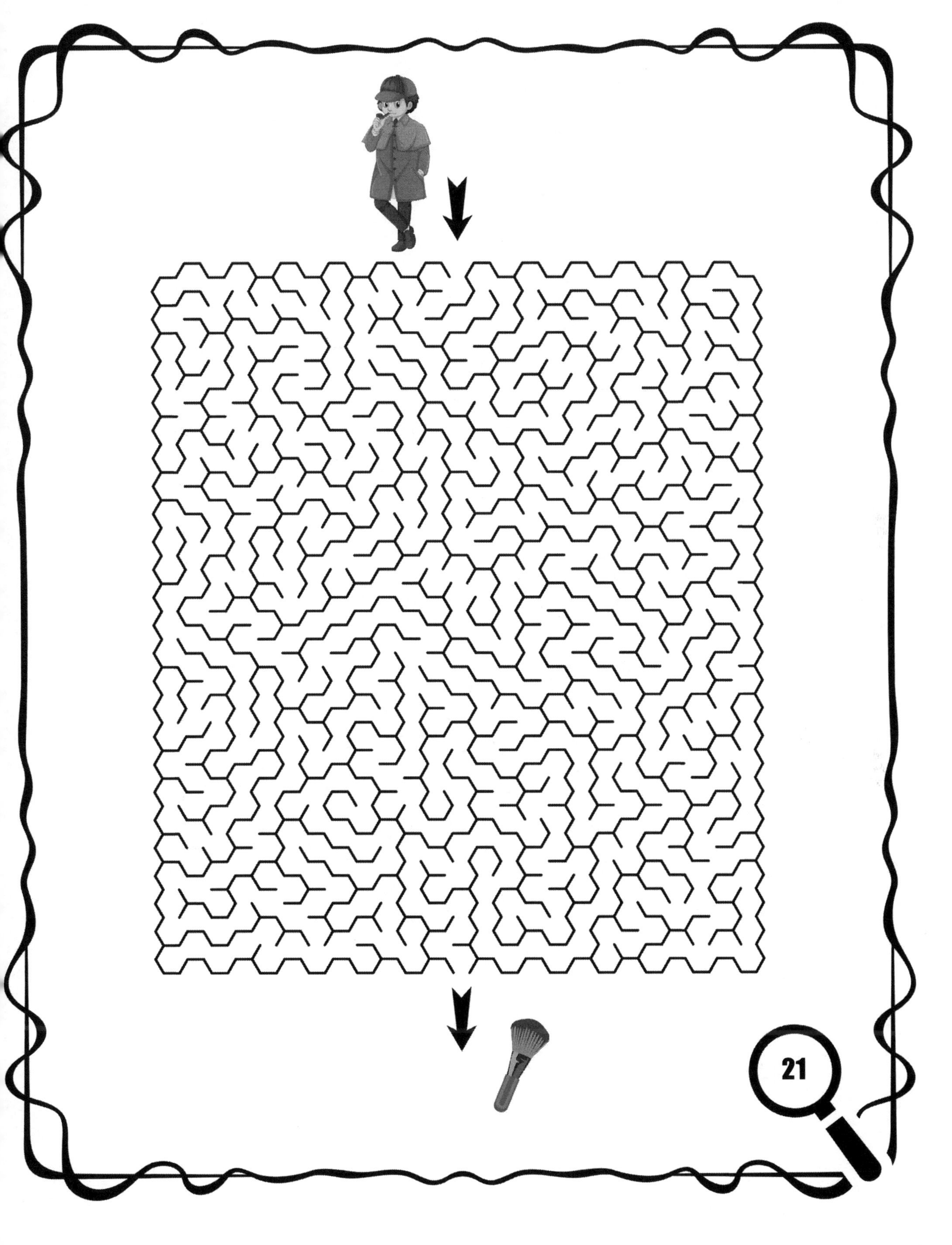

21

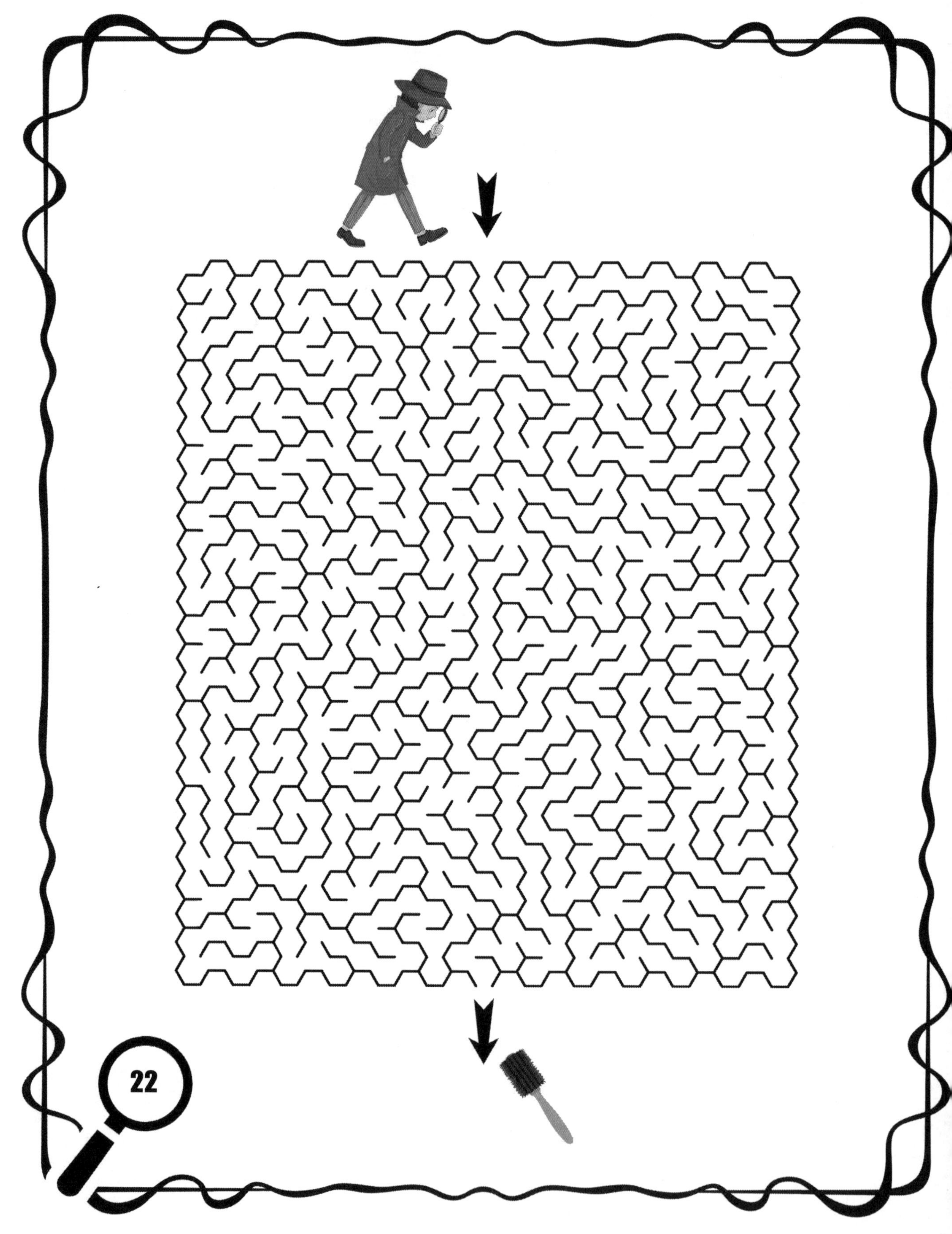

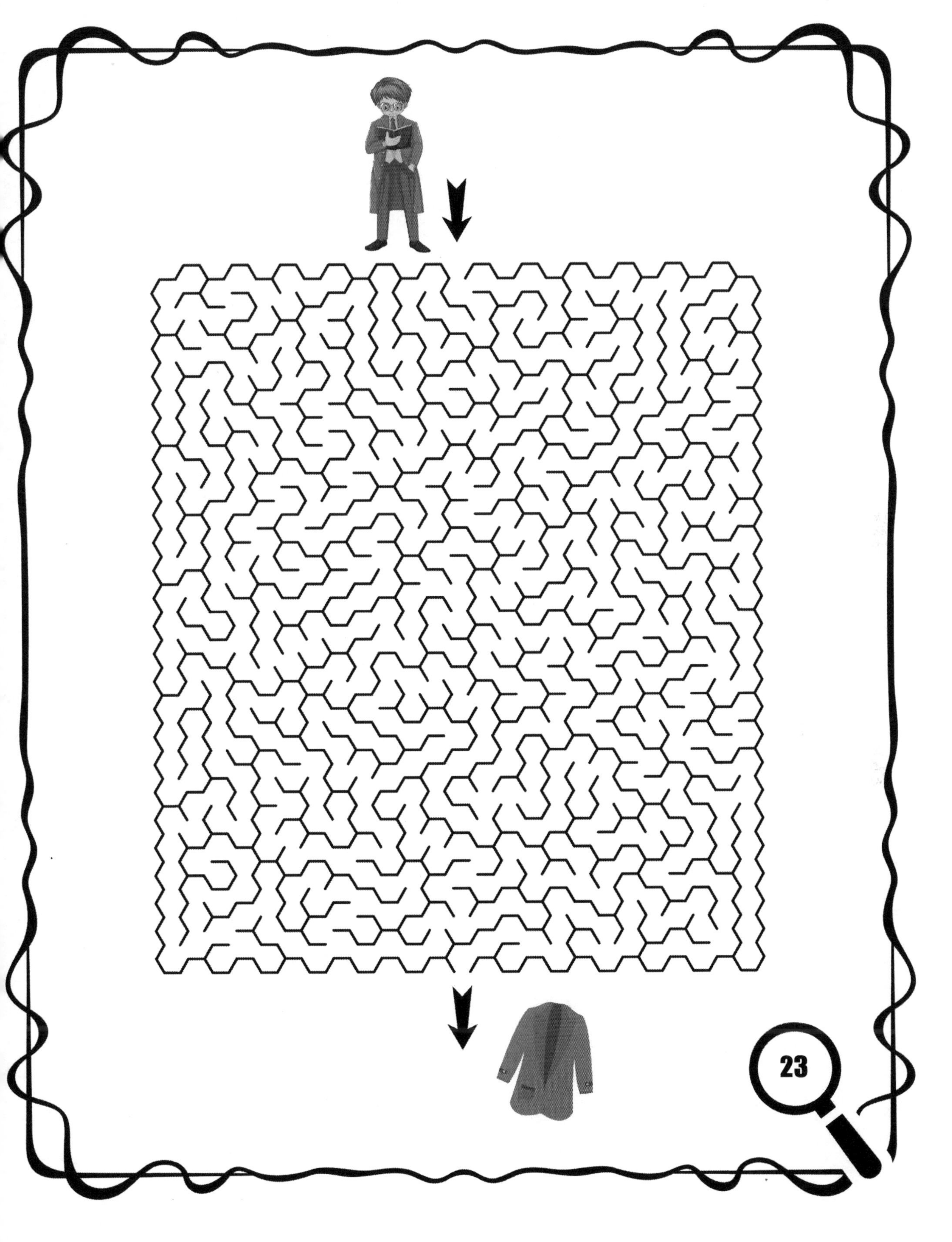

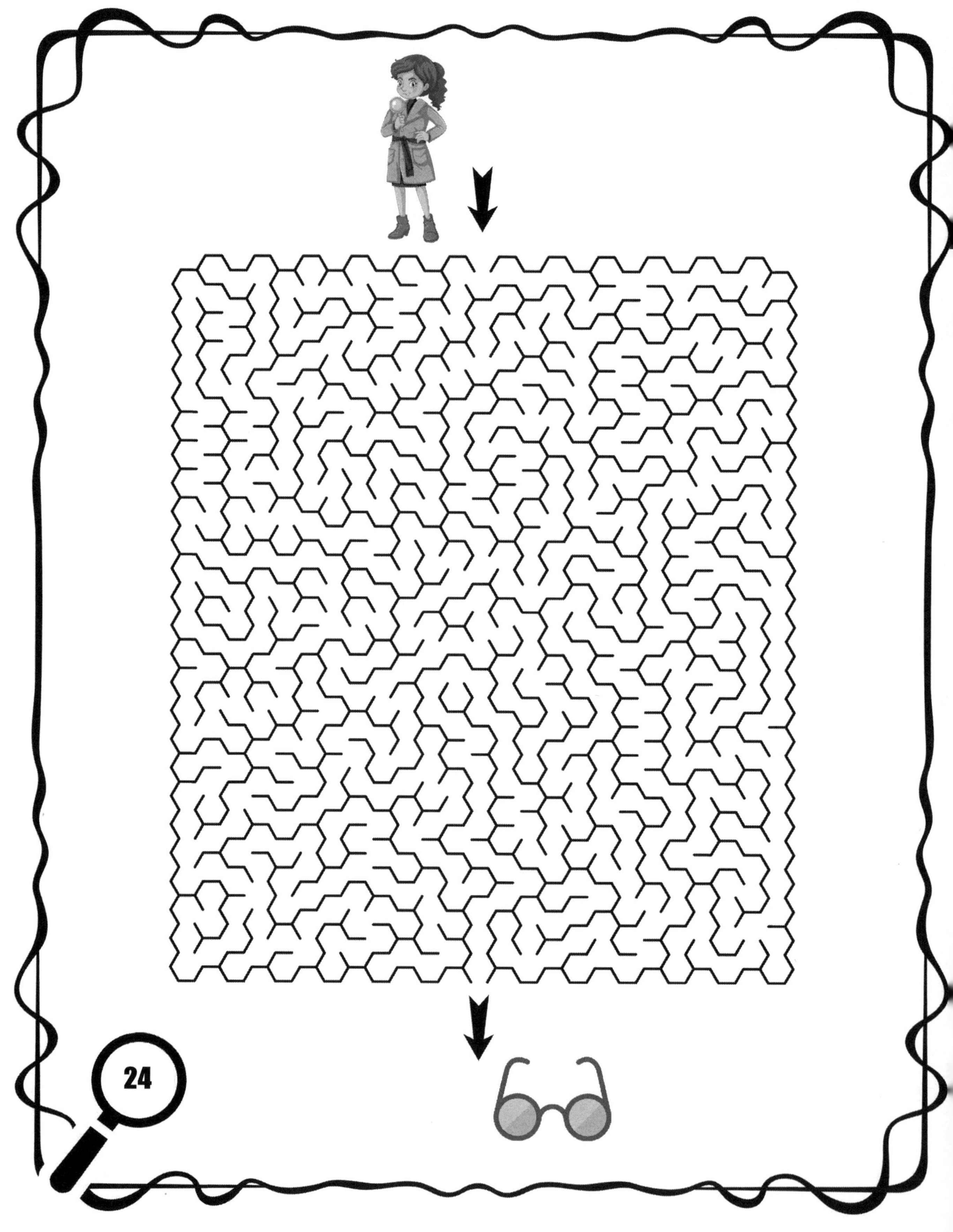

24

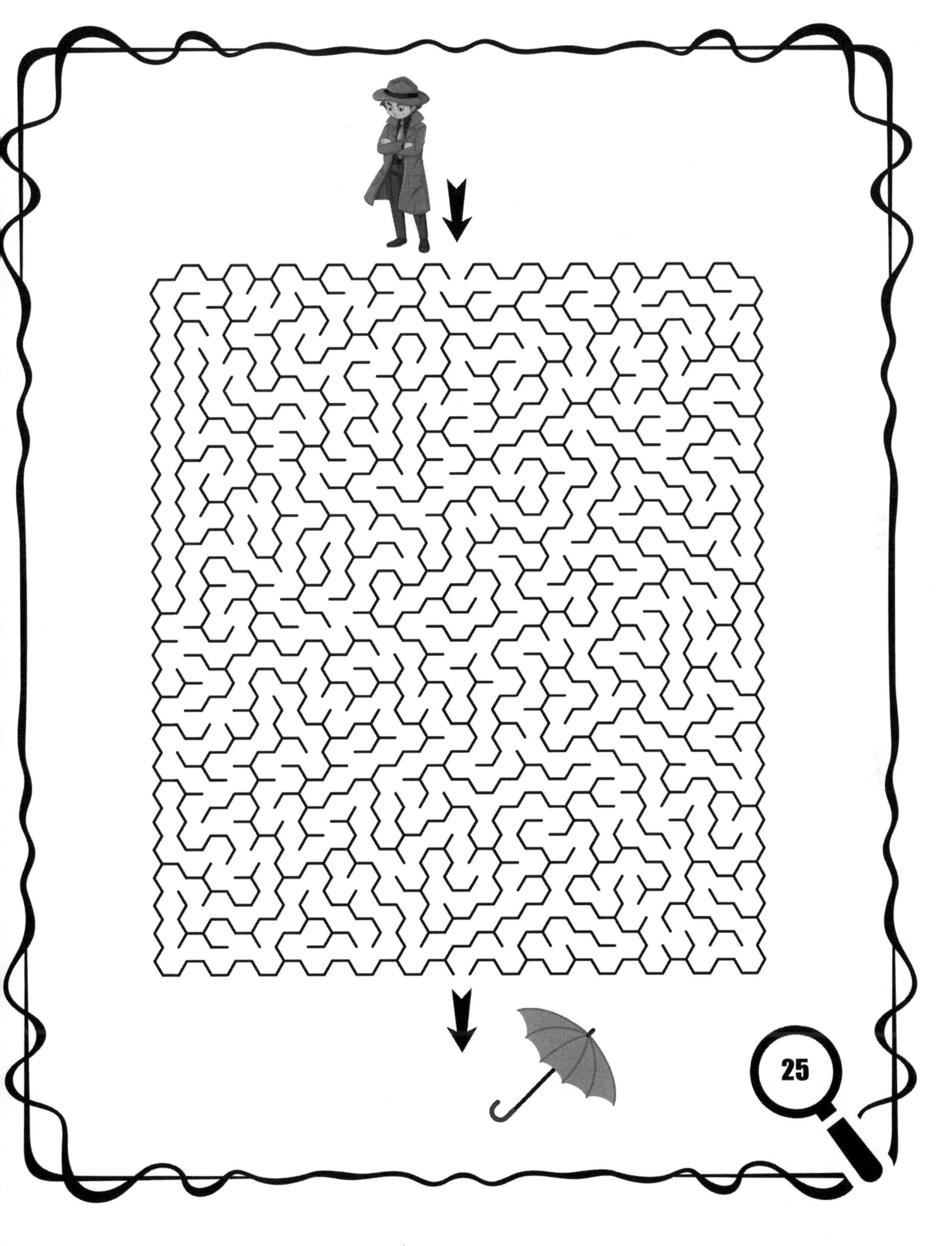

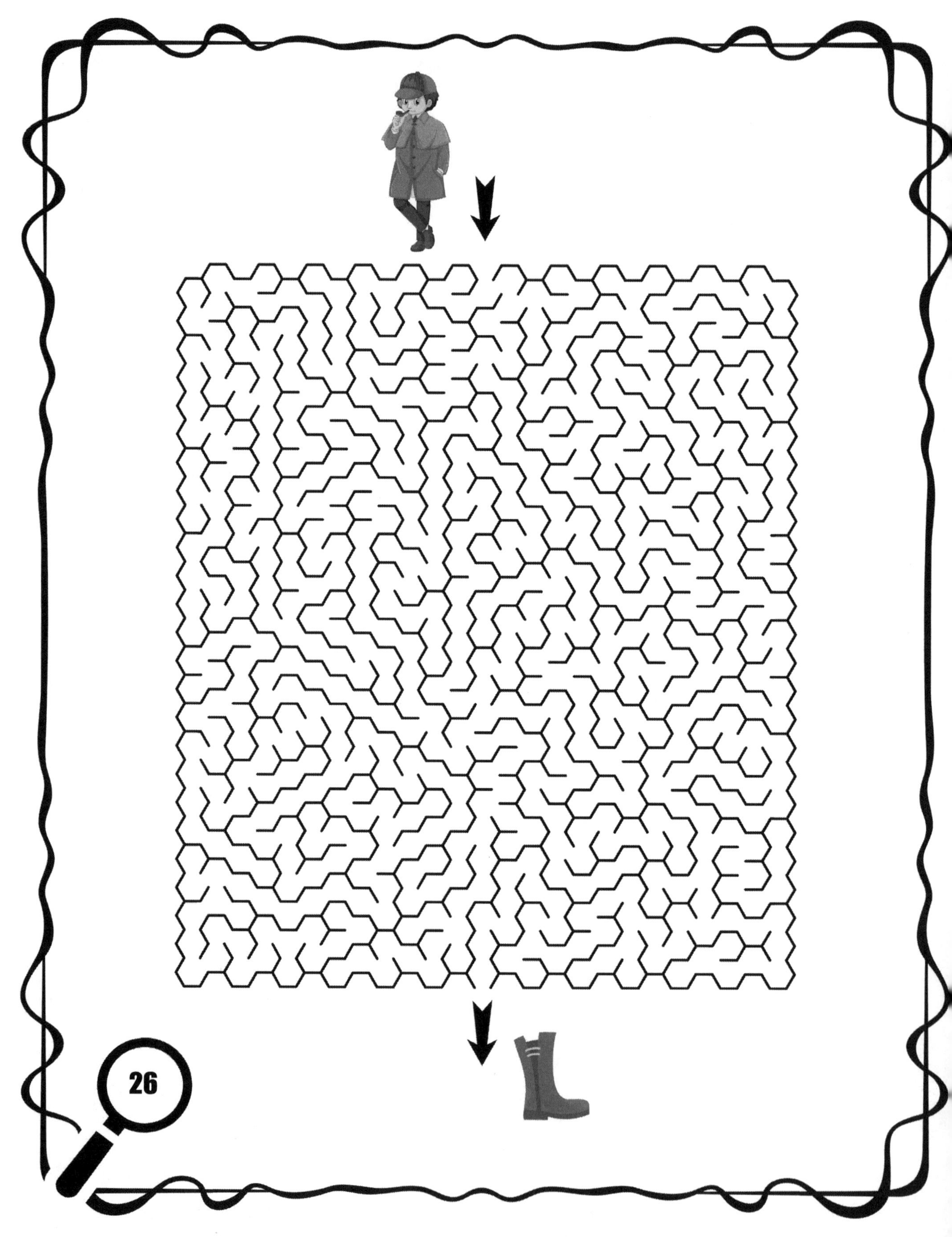

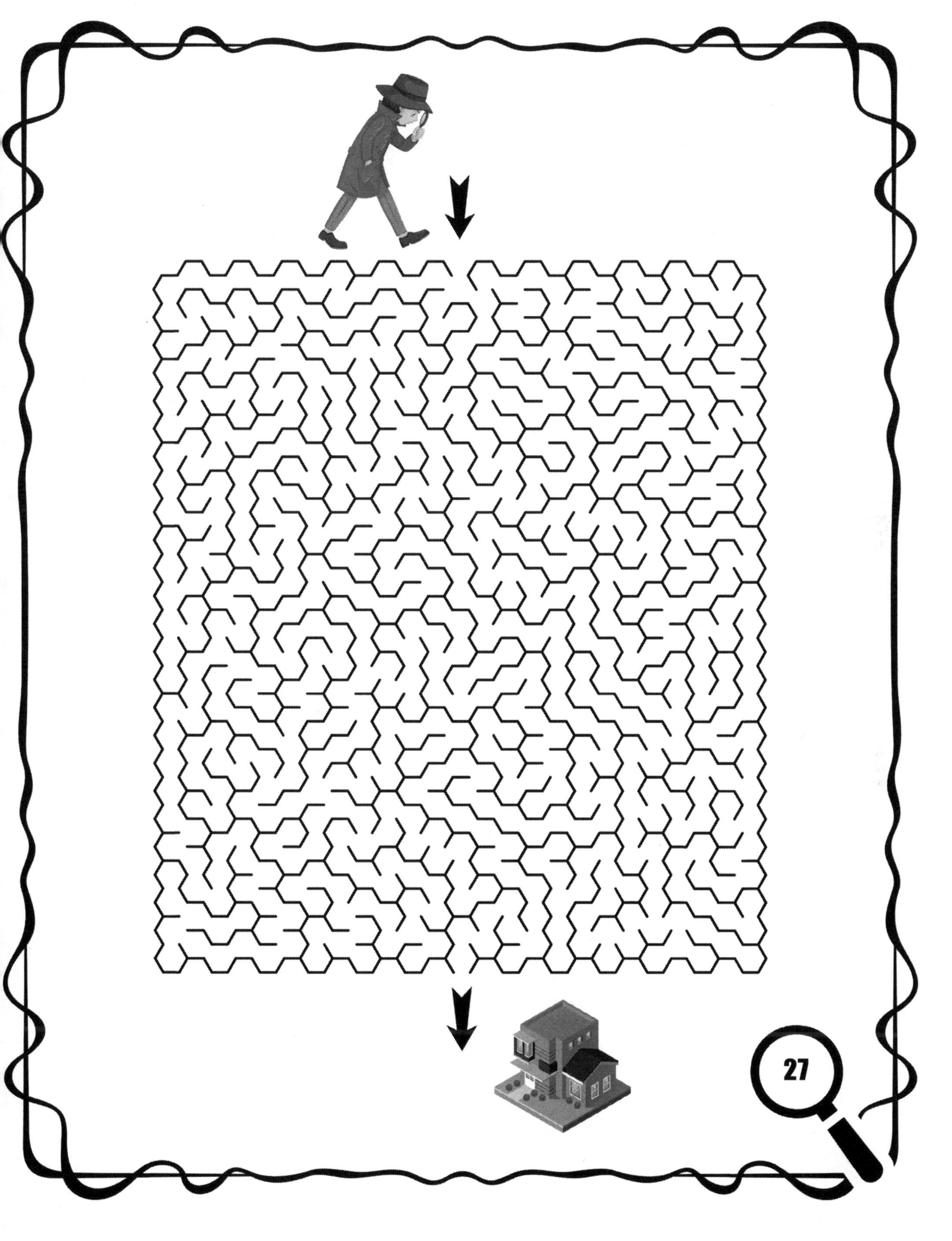

33

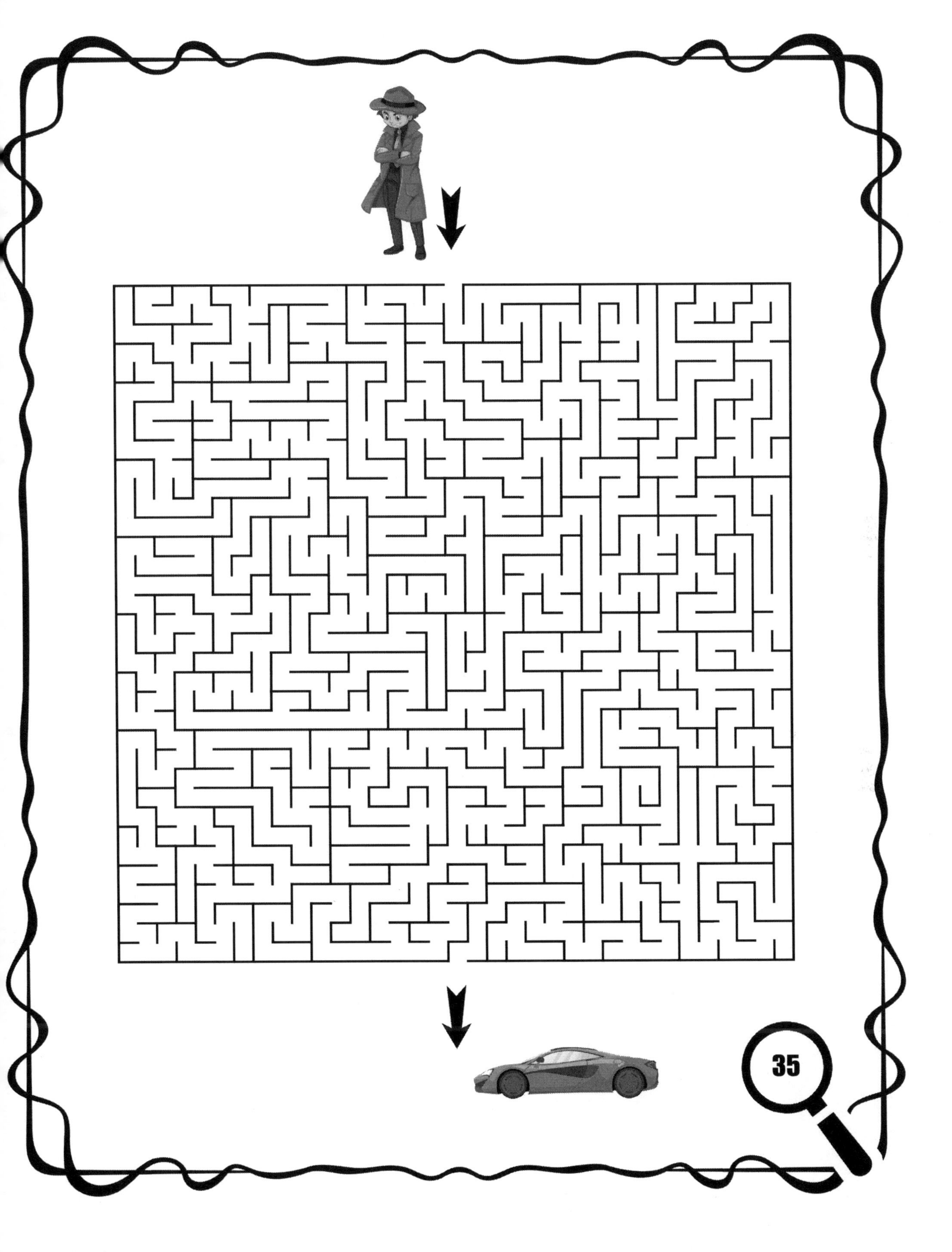

35

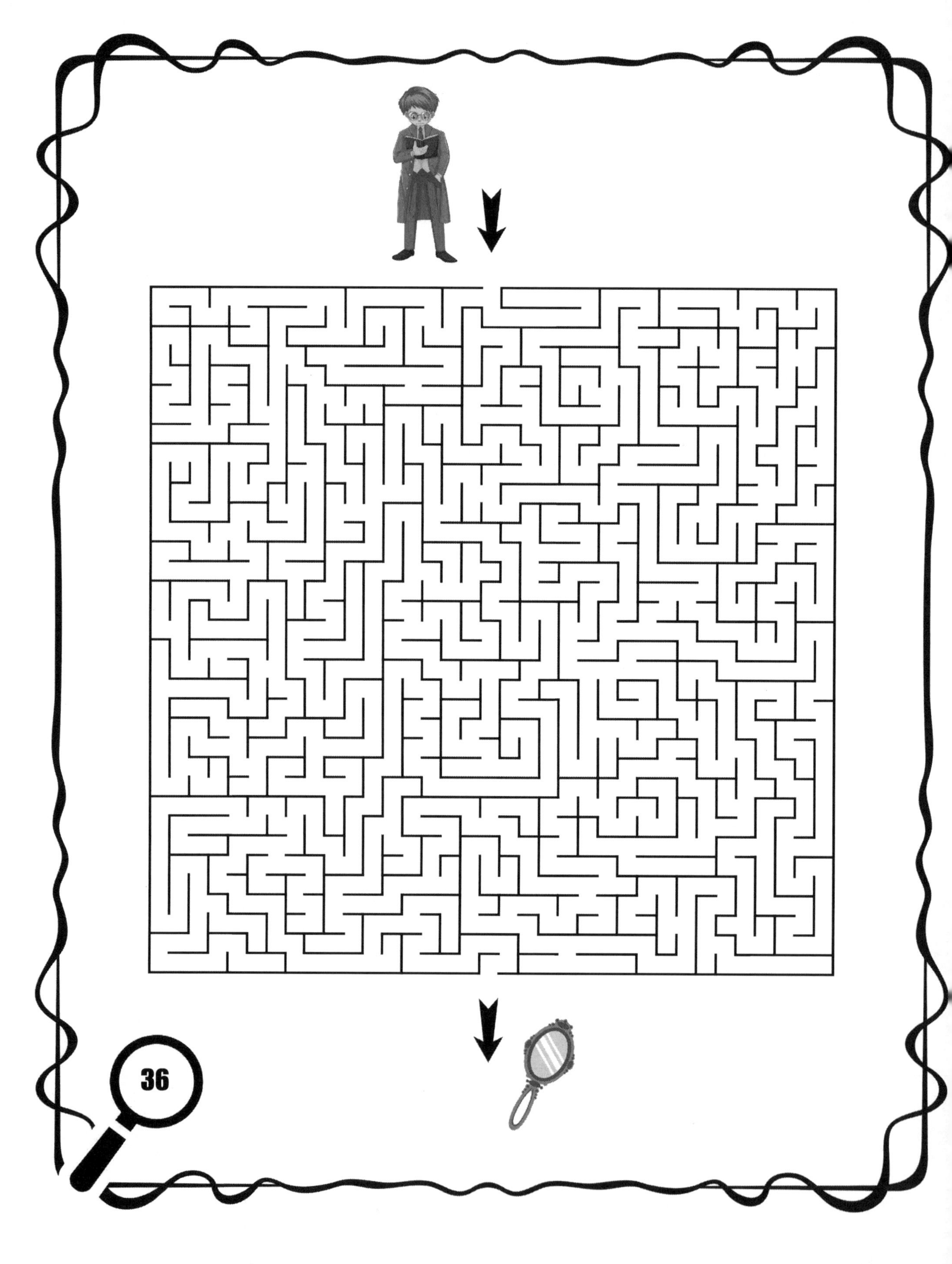

39

40

41

42

44

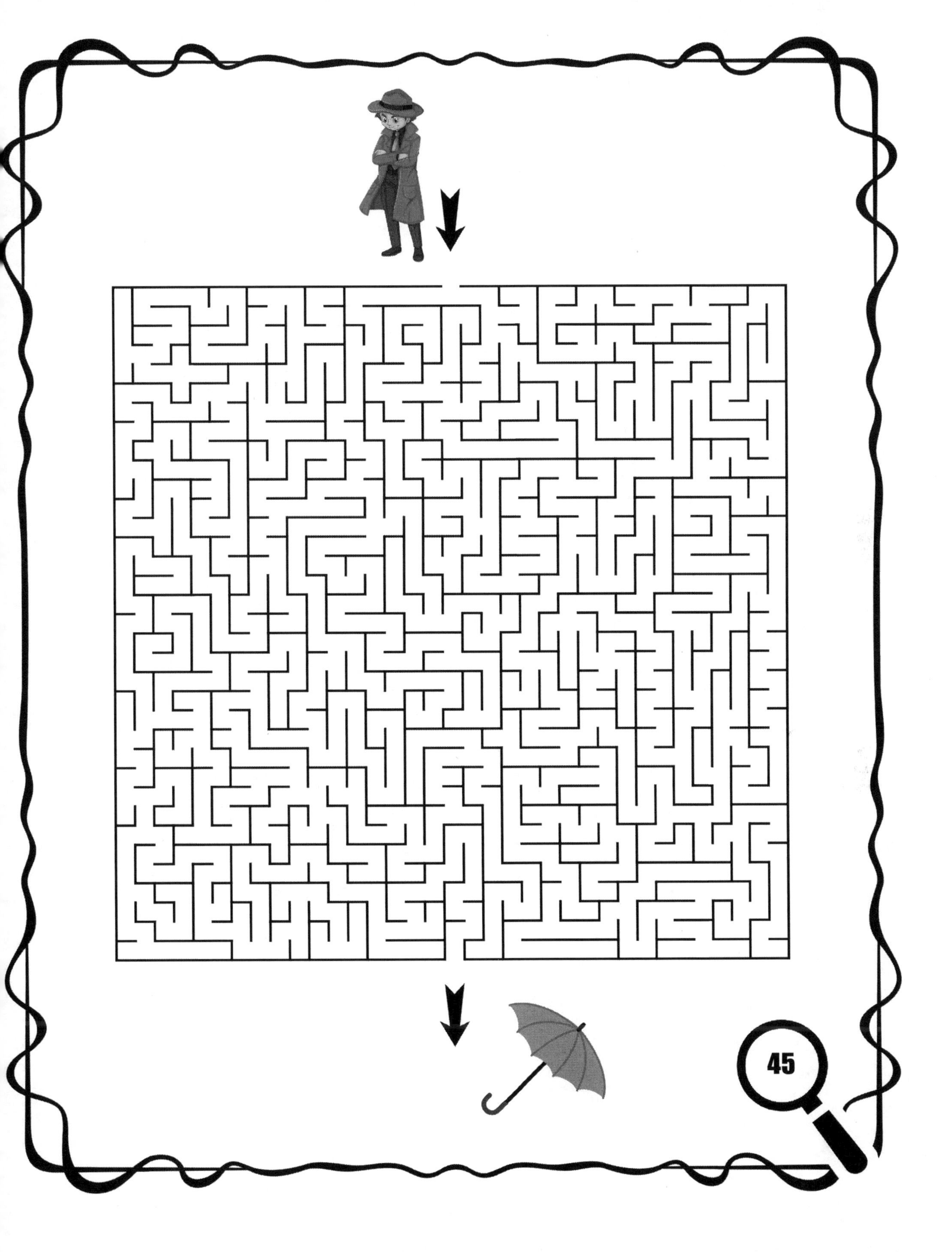

45

49

51

53

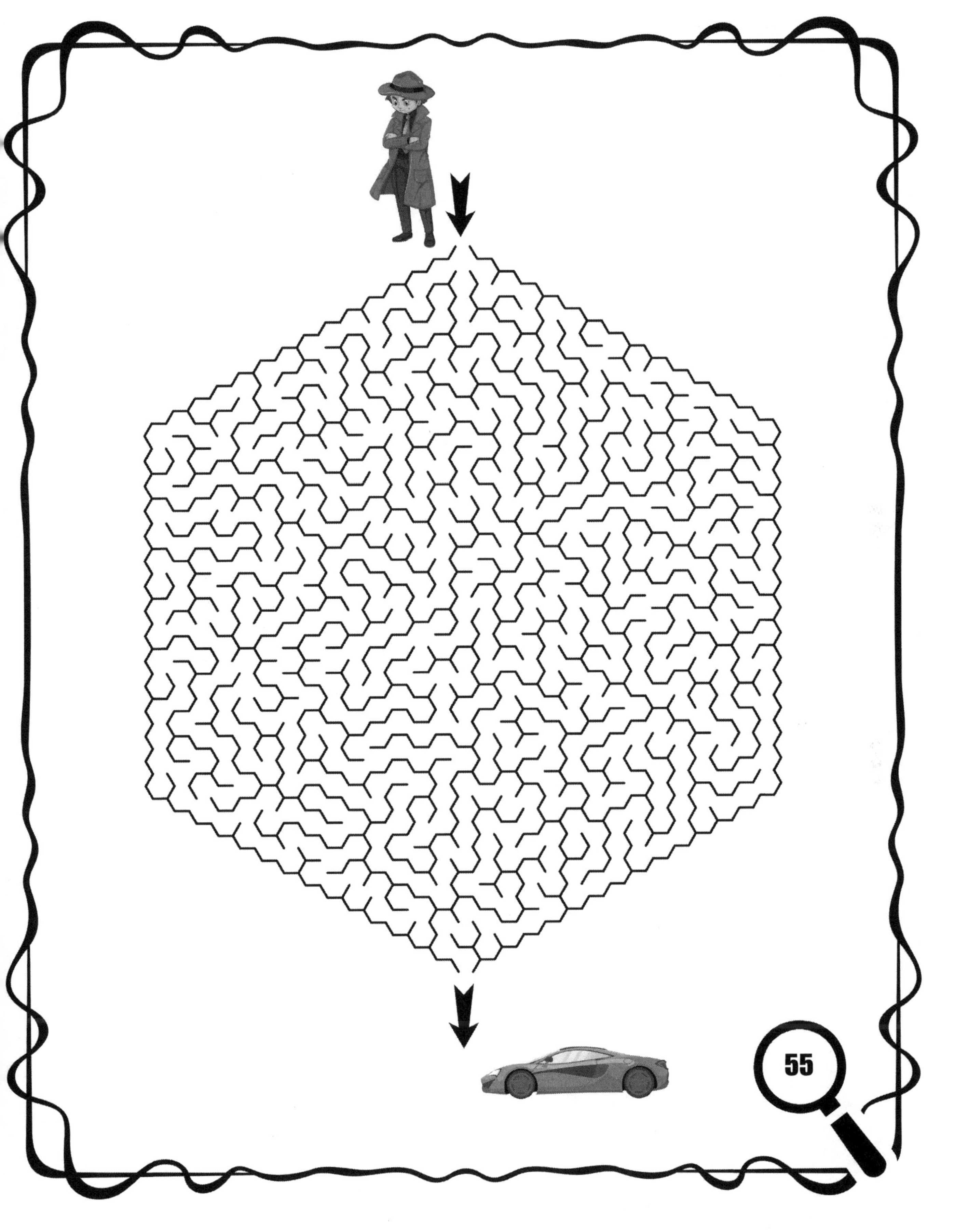

55

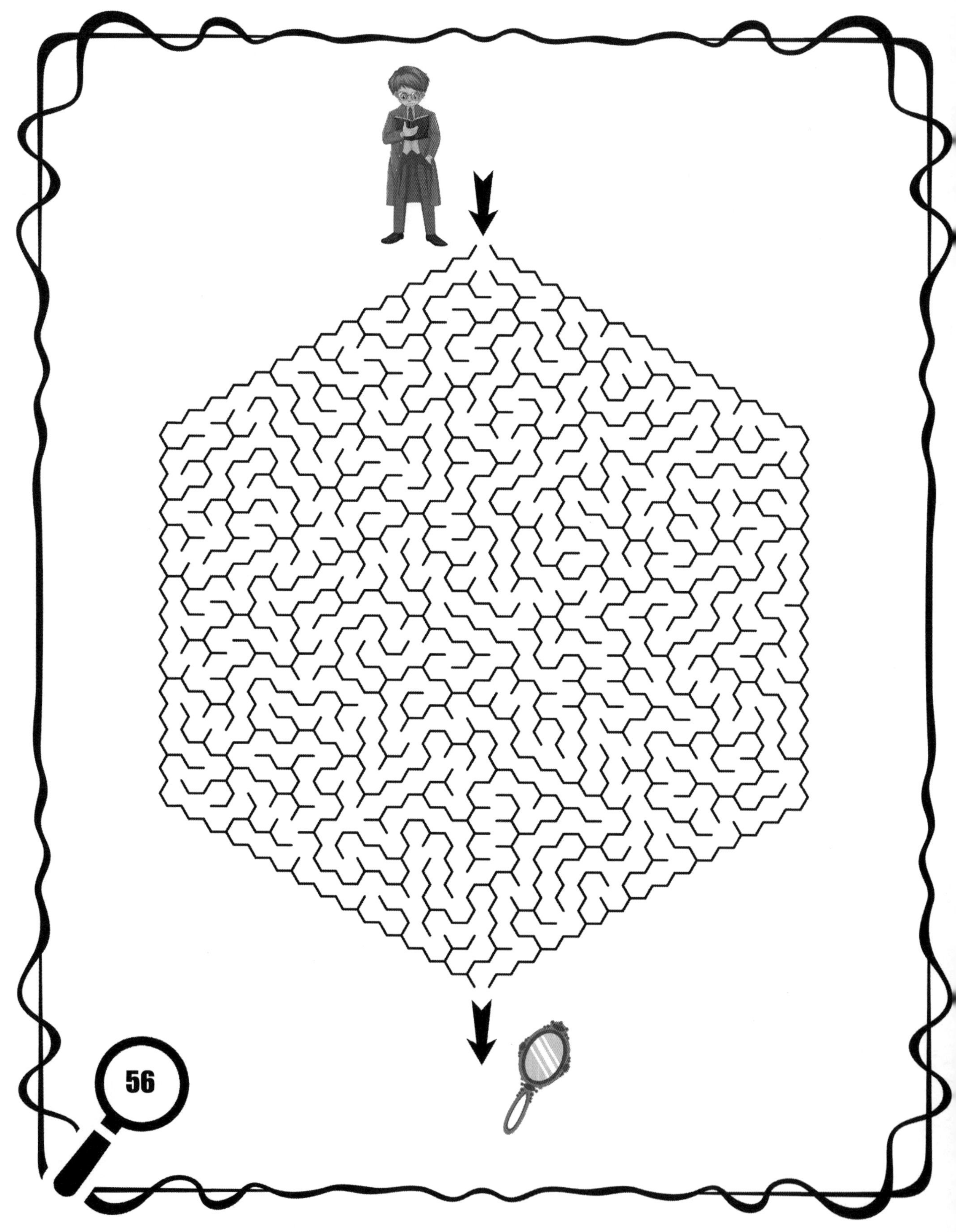

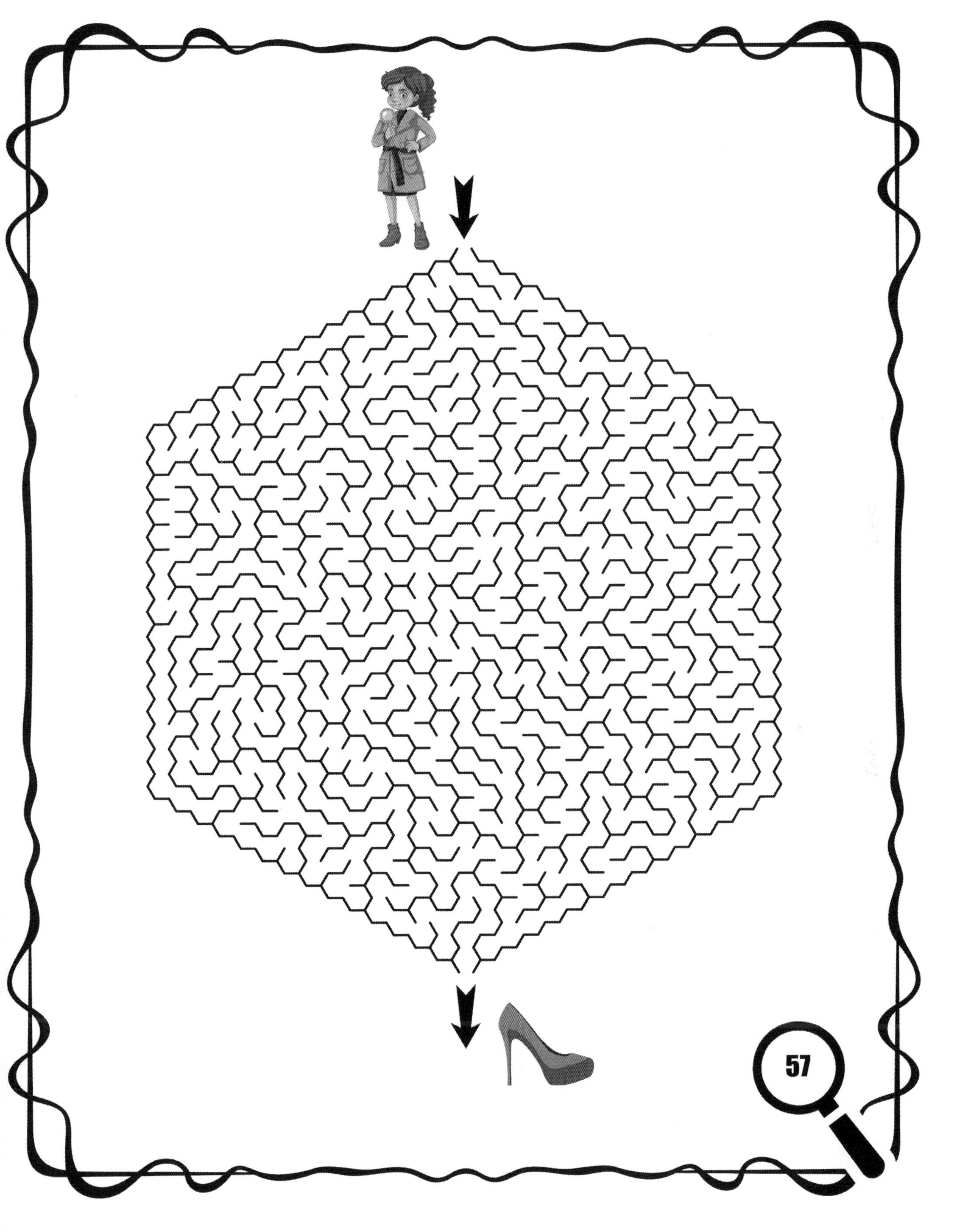
57

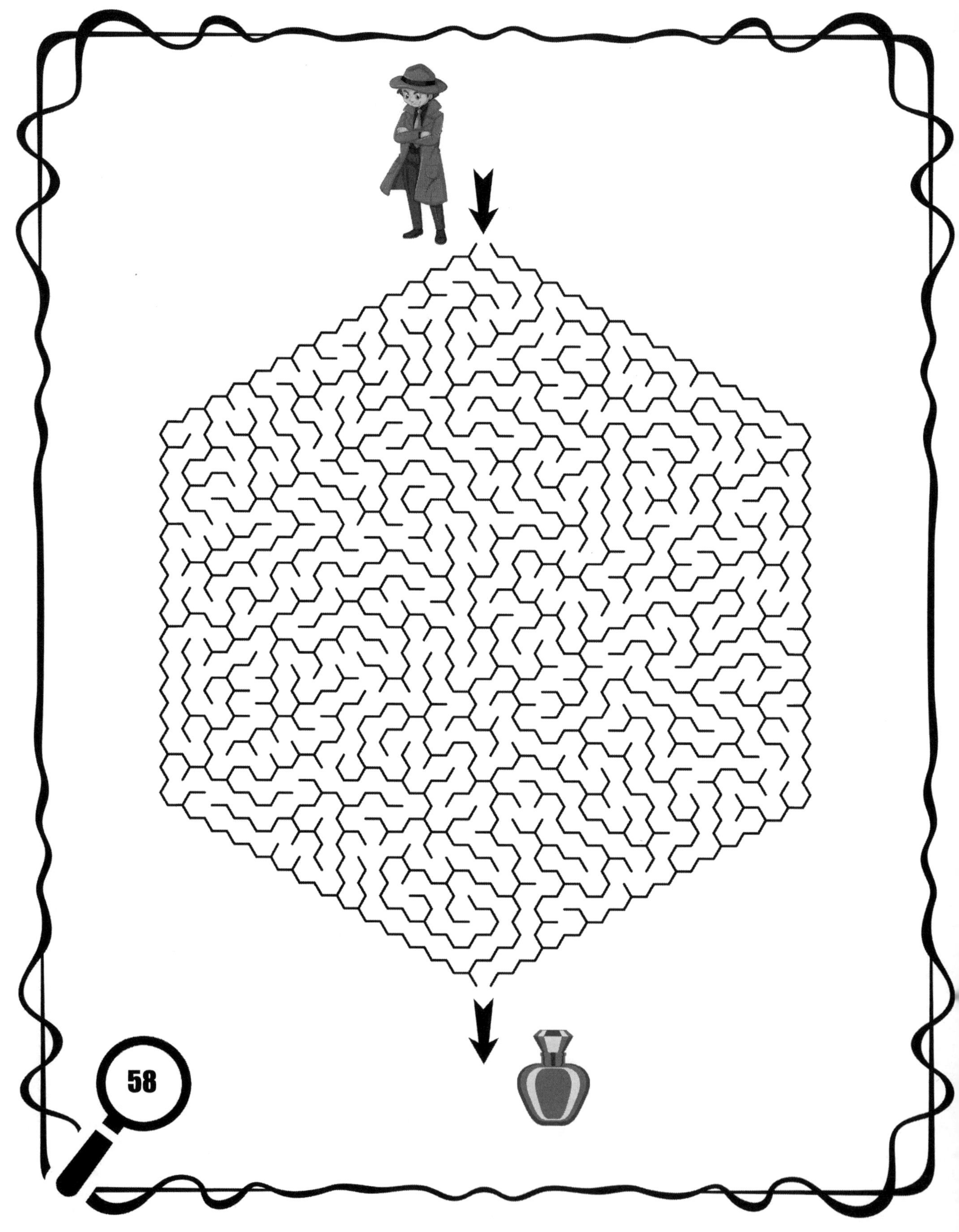

58

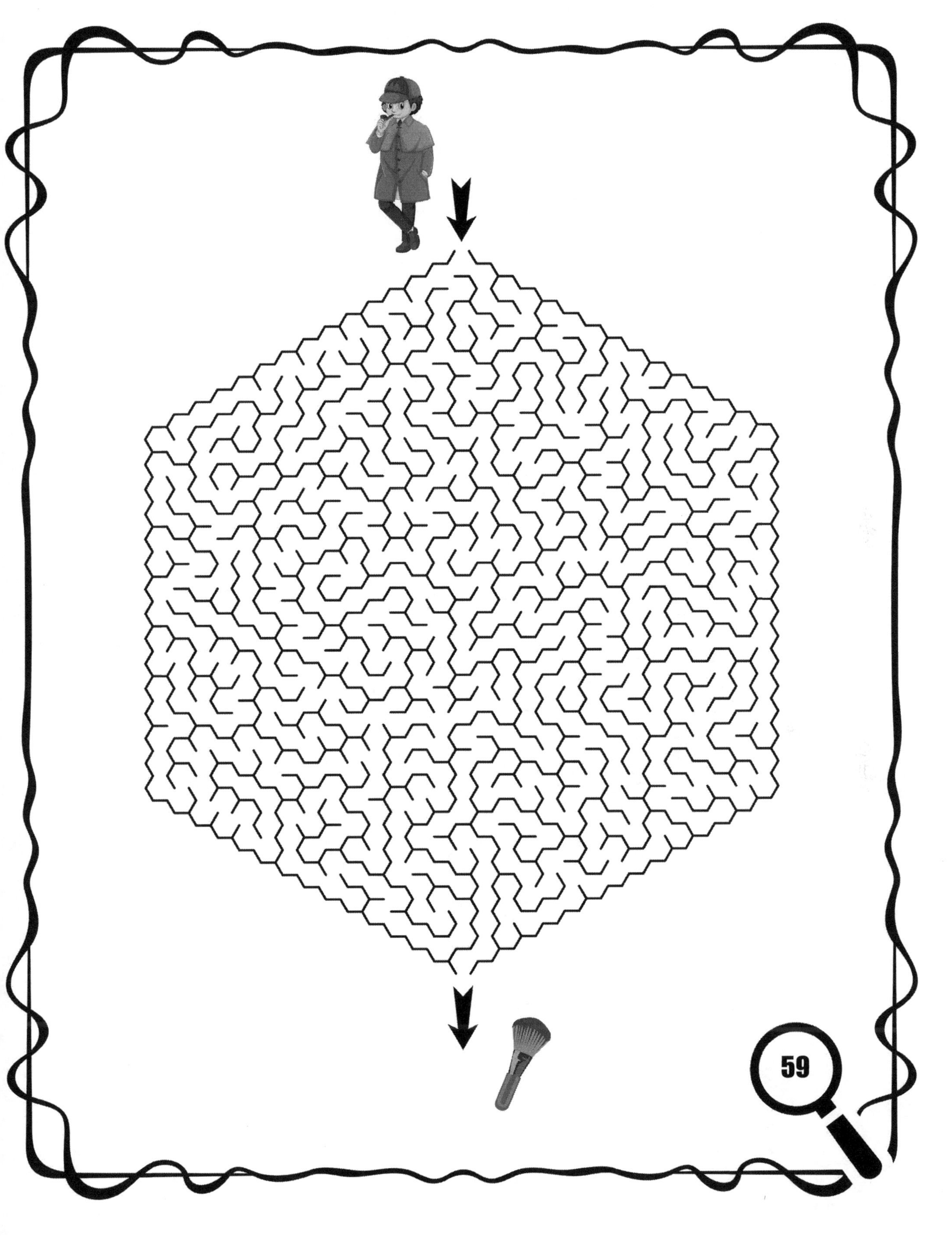

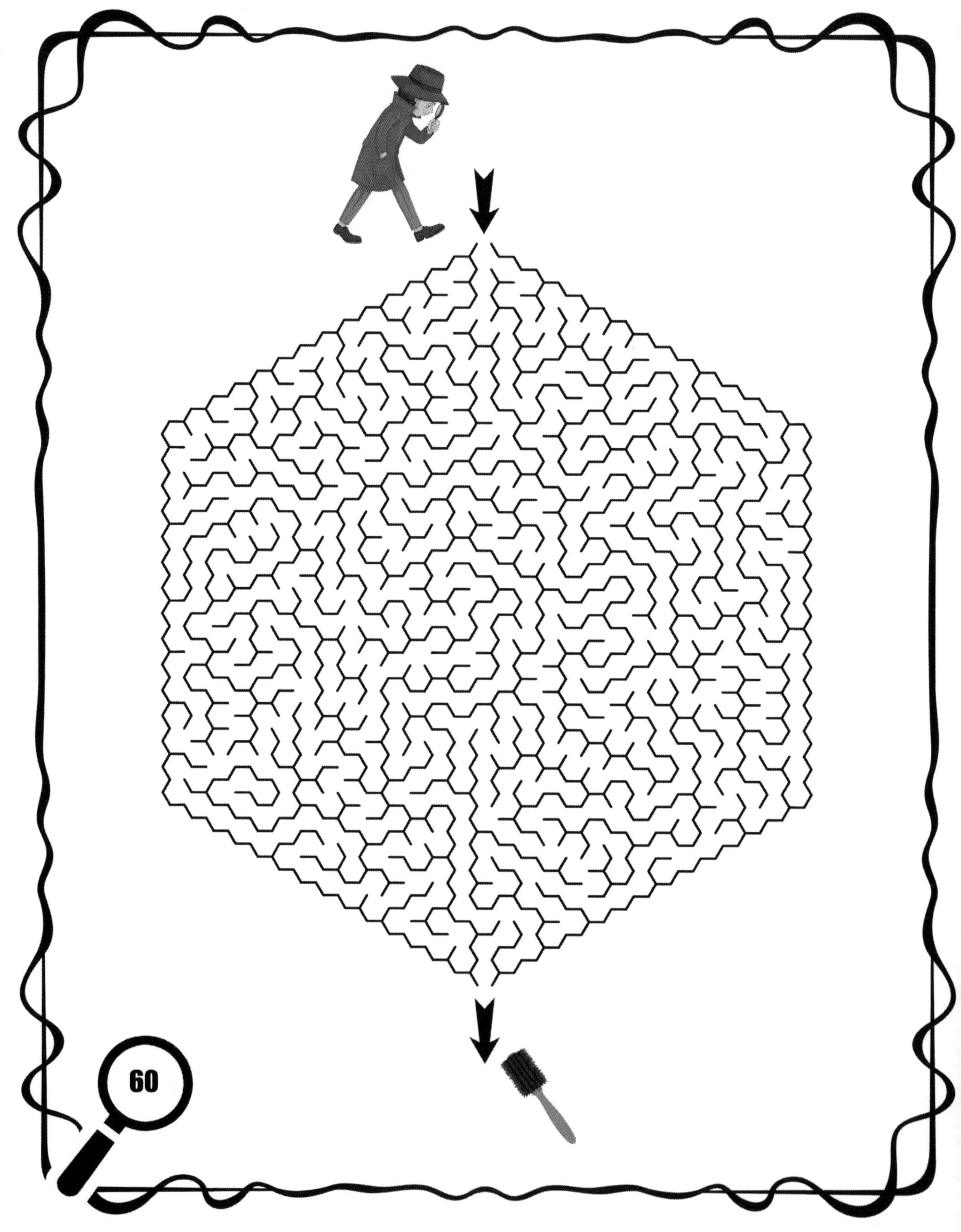

60

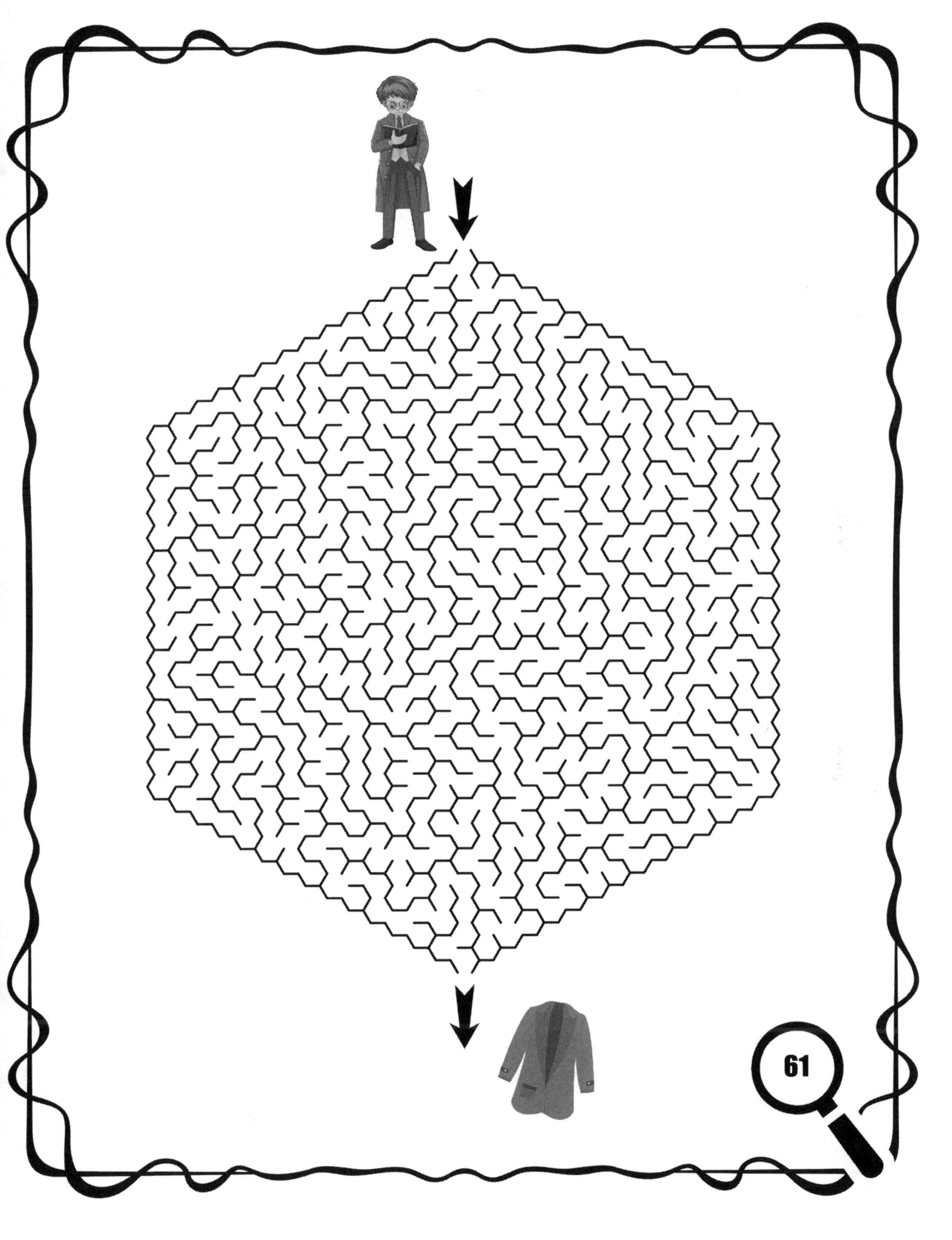

61

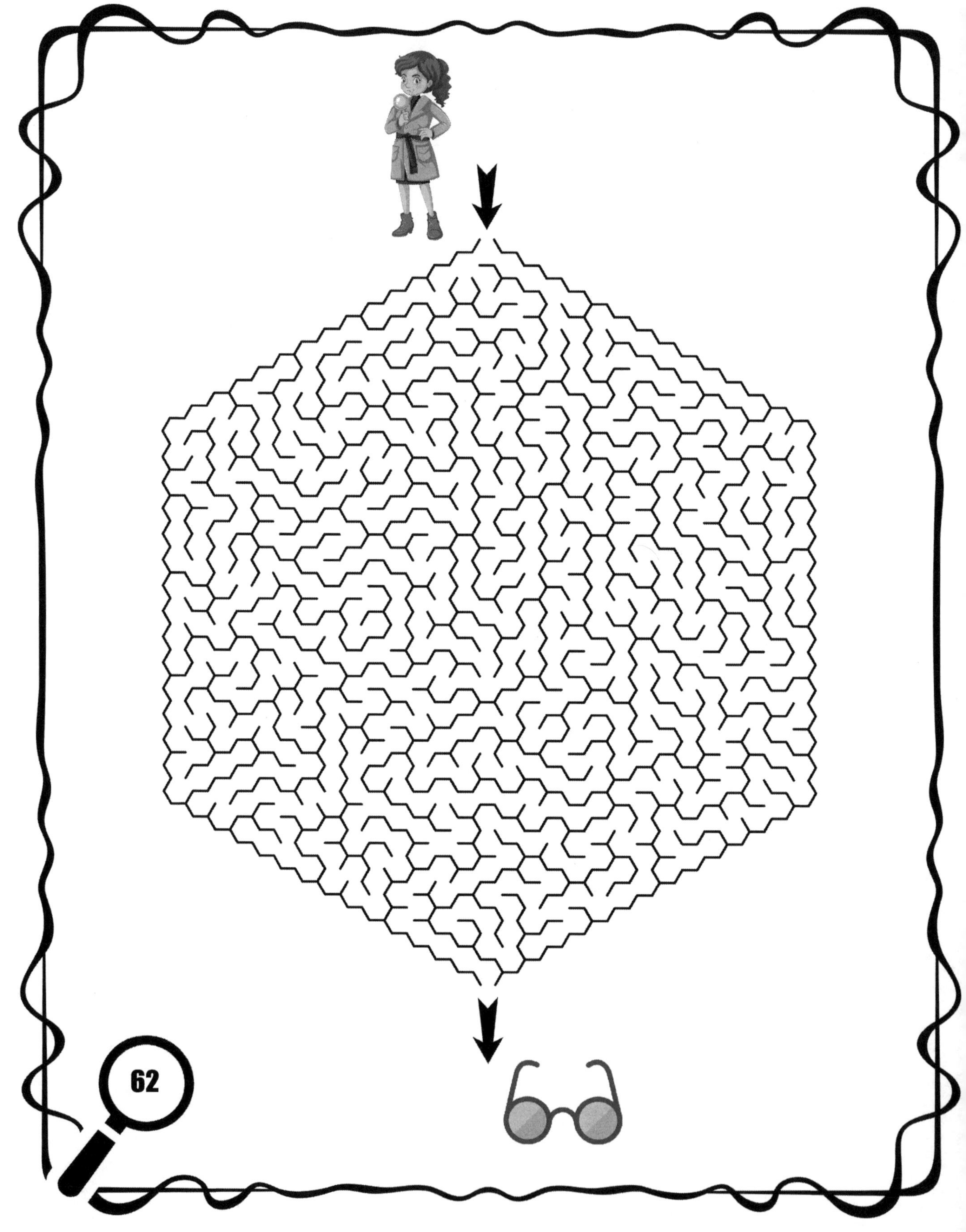

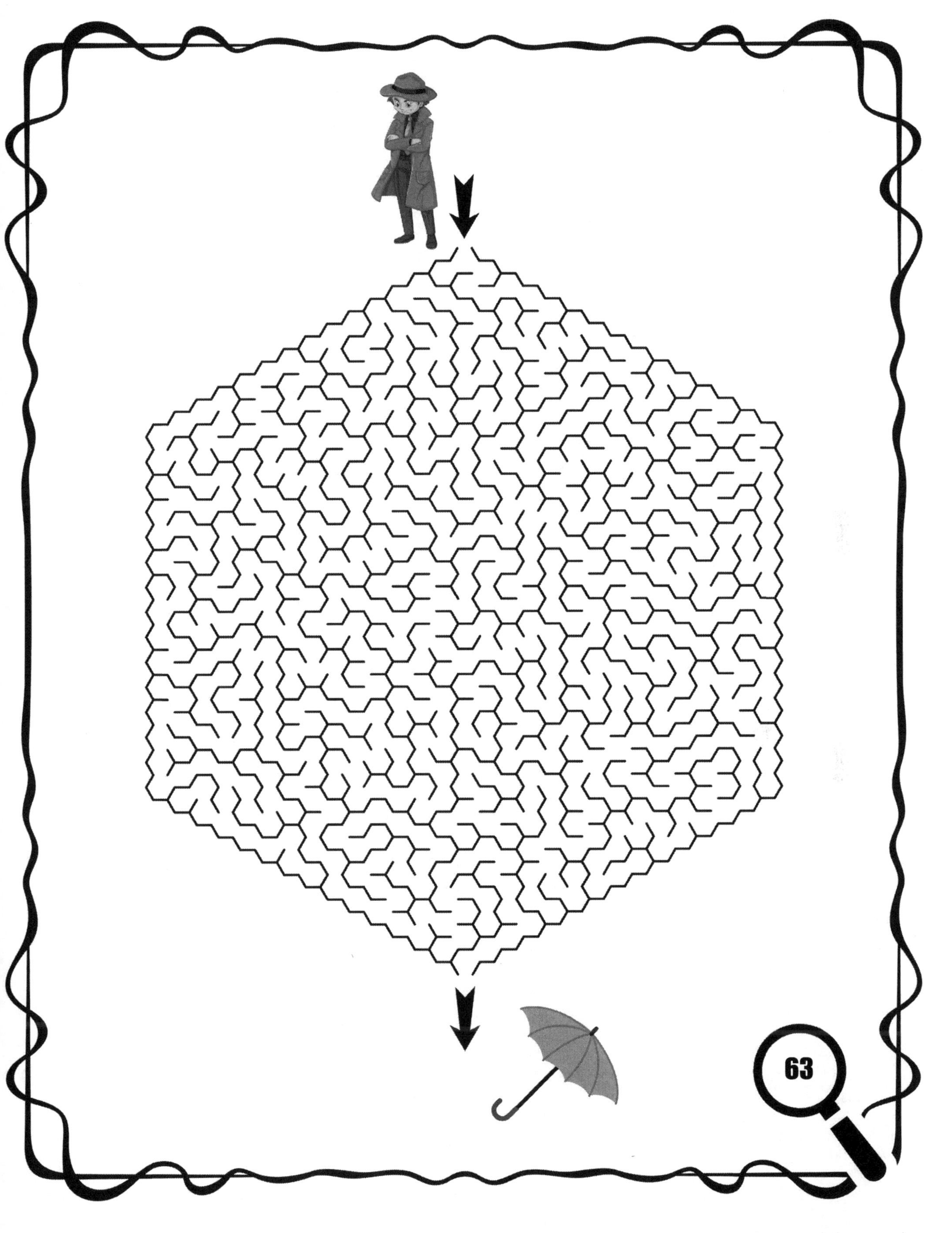

63

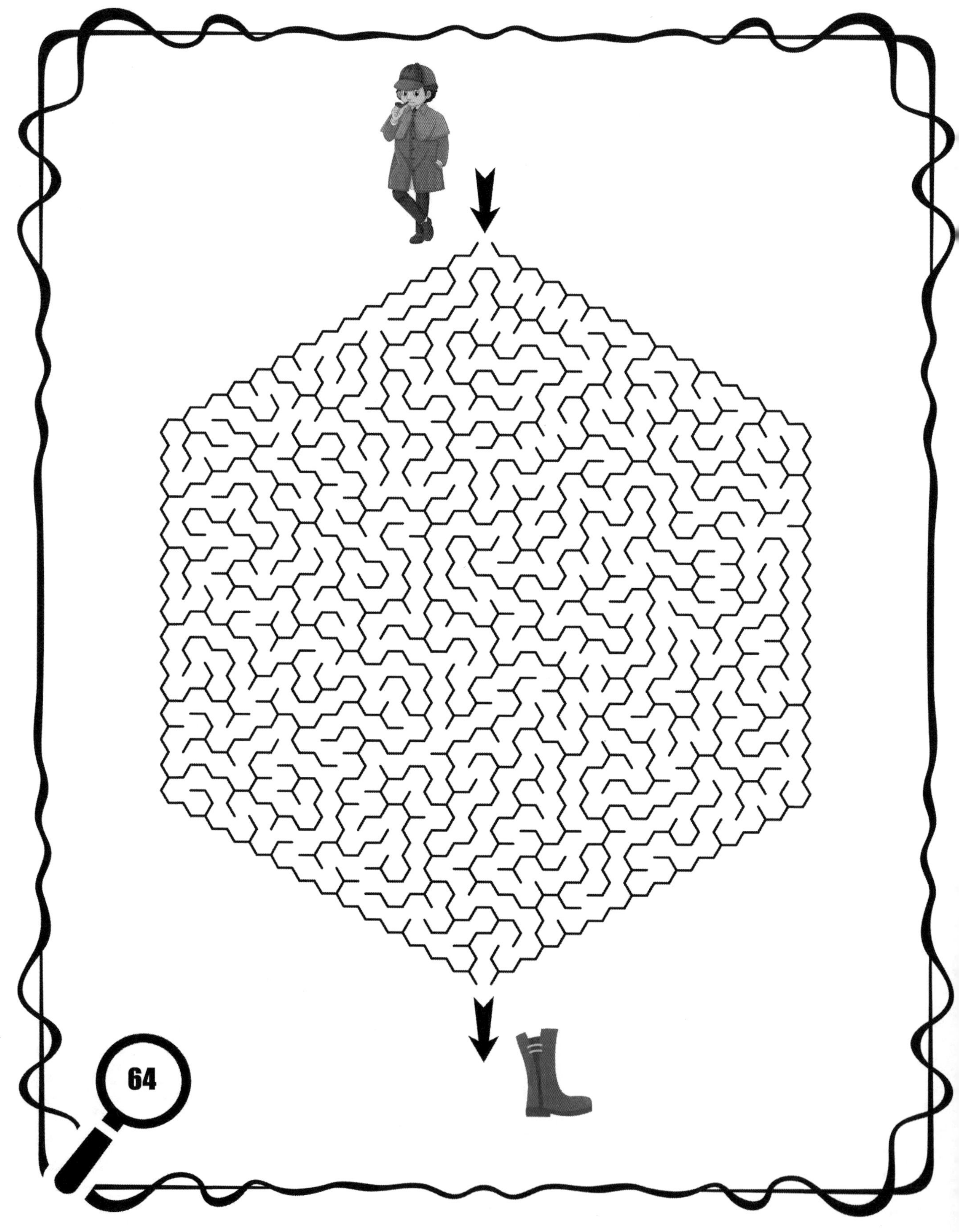

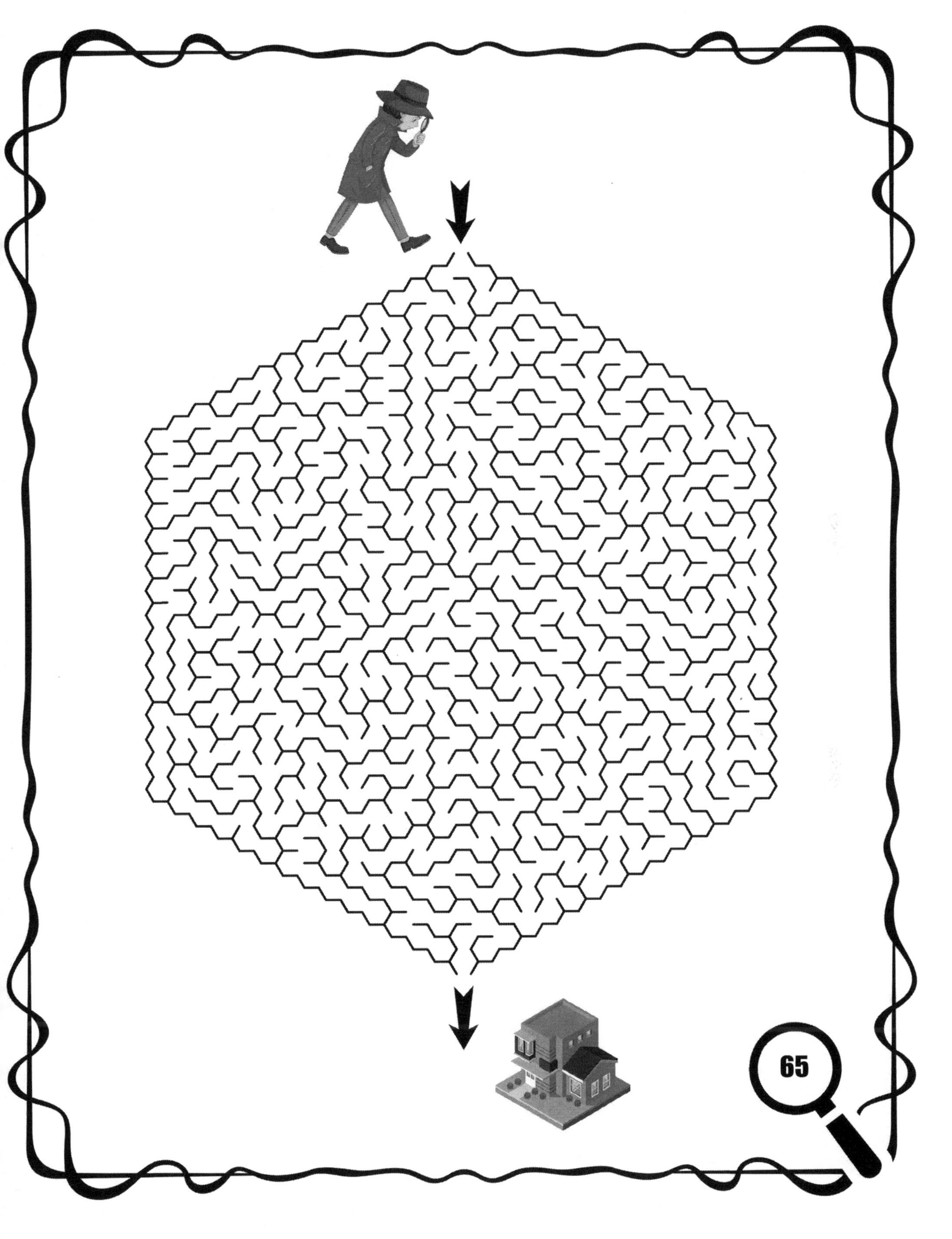

65

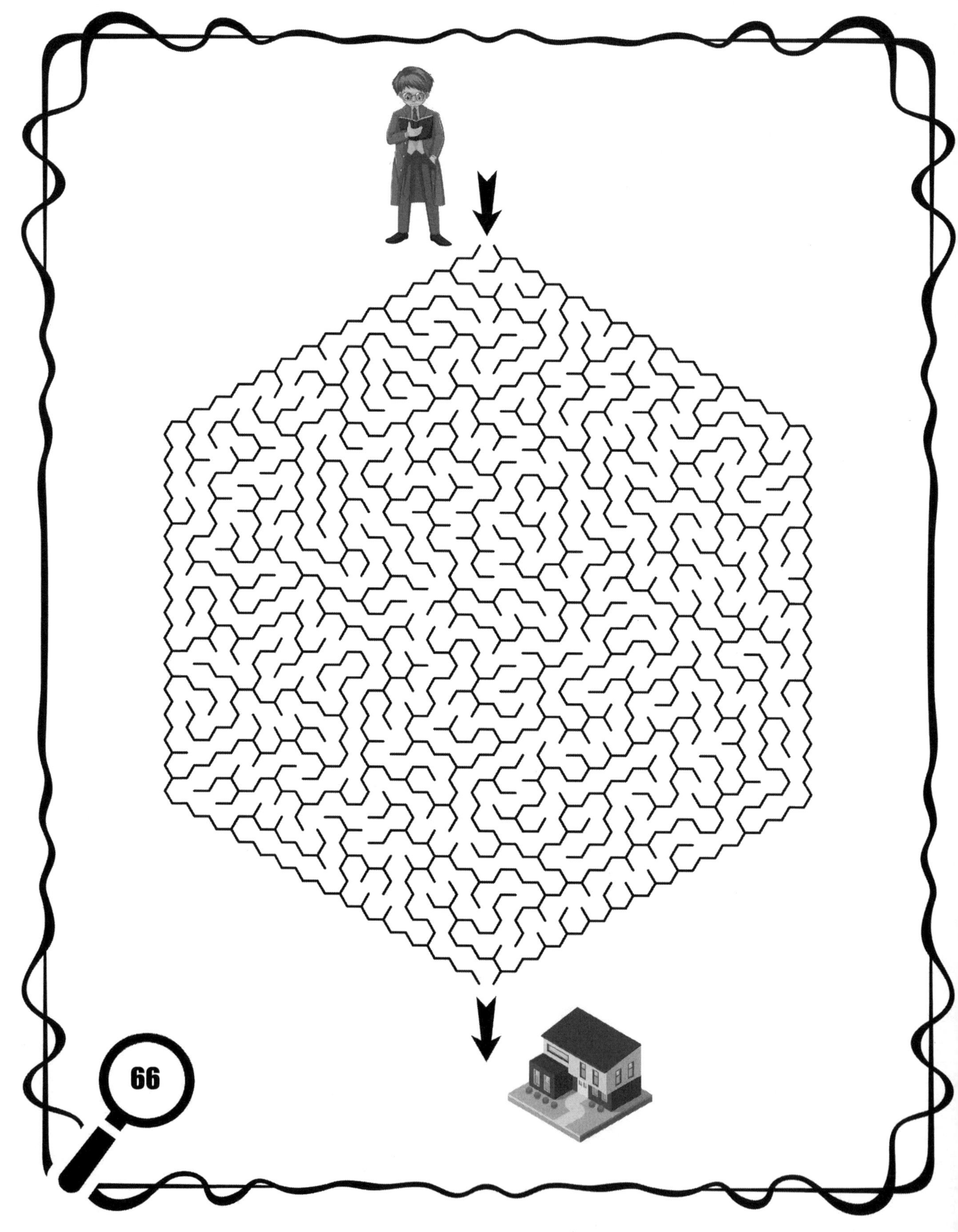

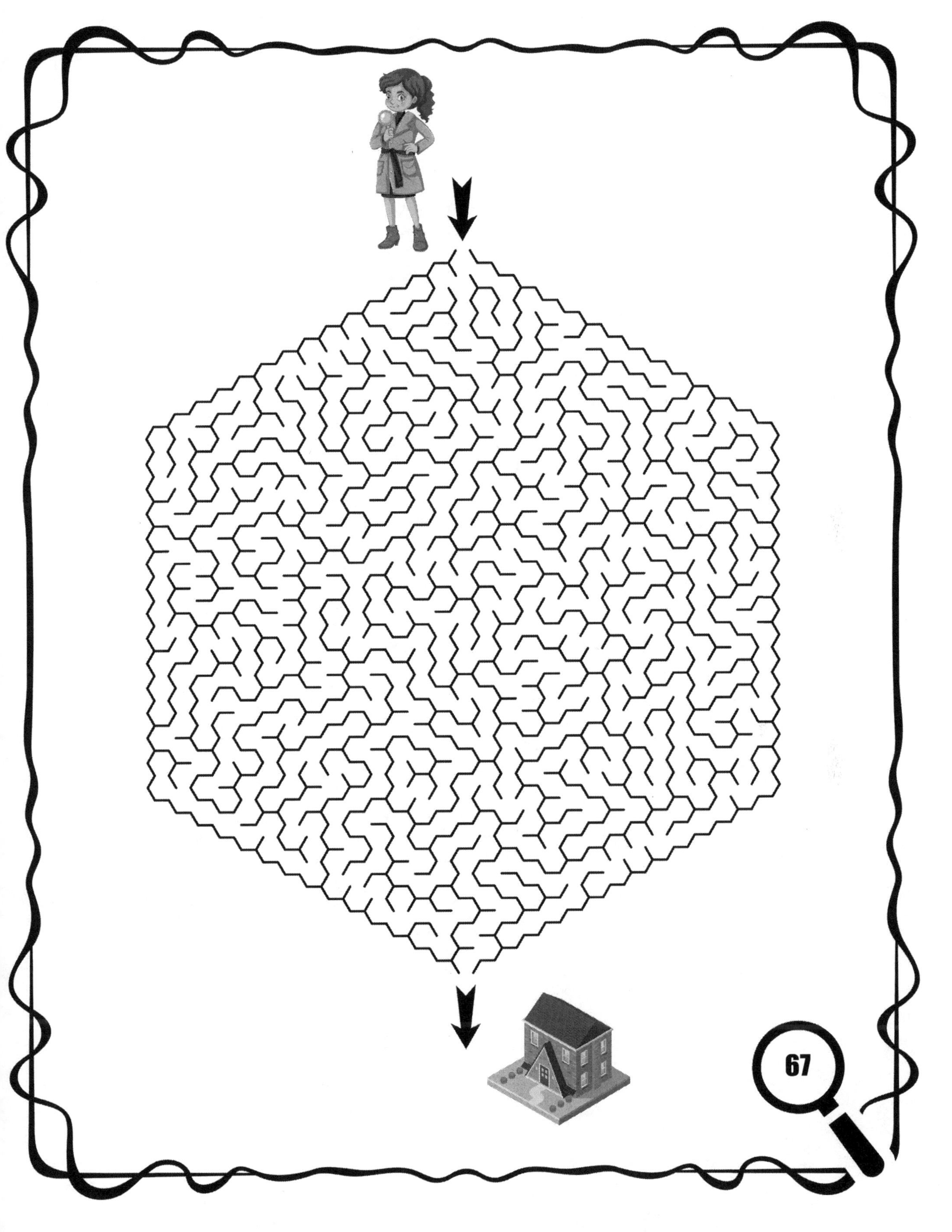
67

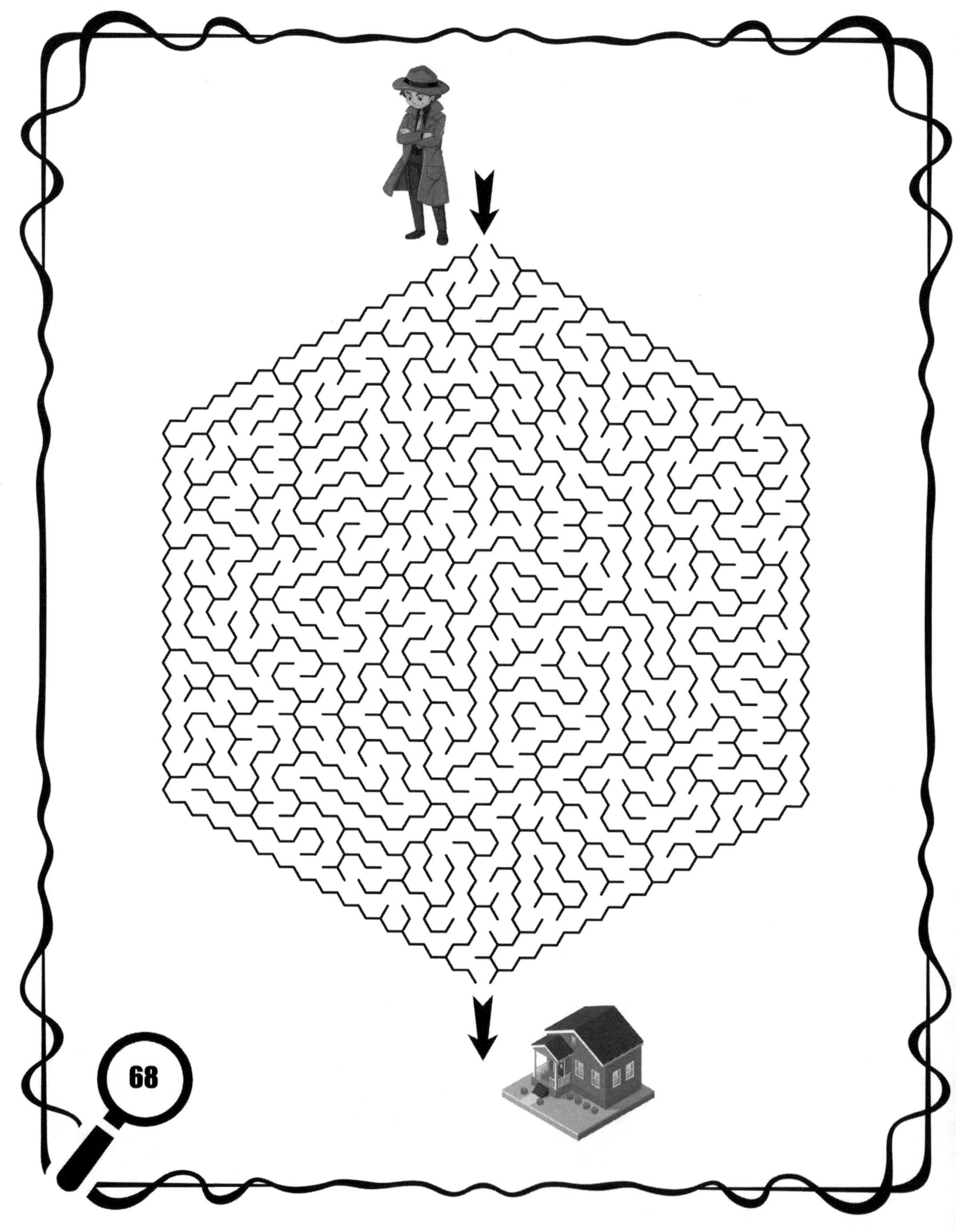

68

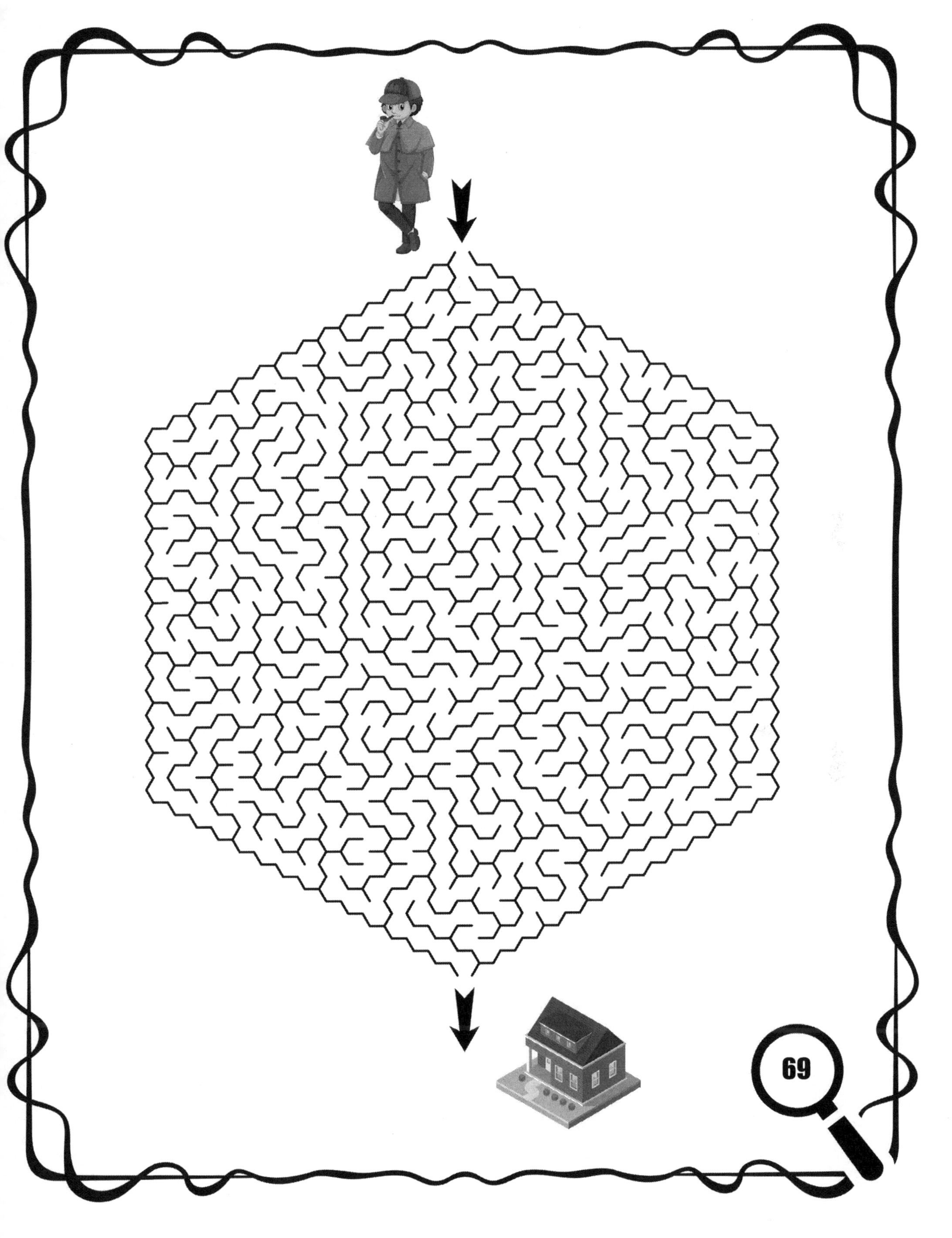

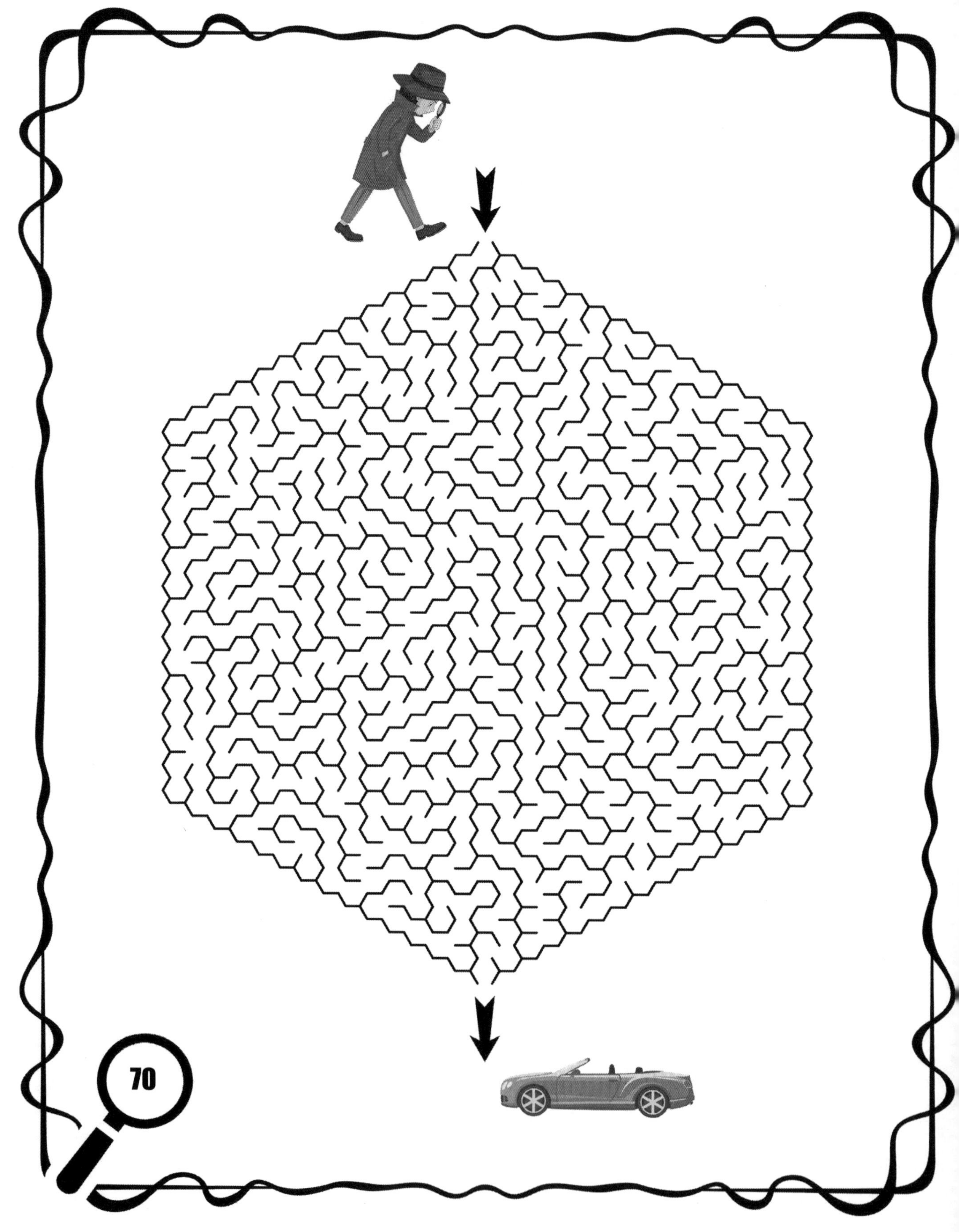

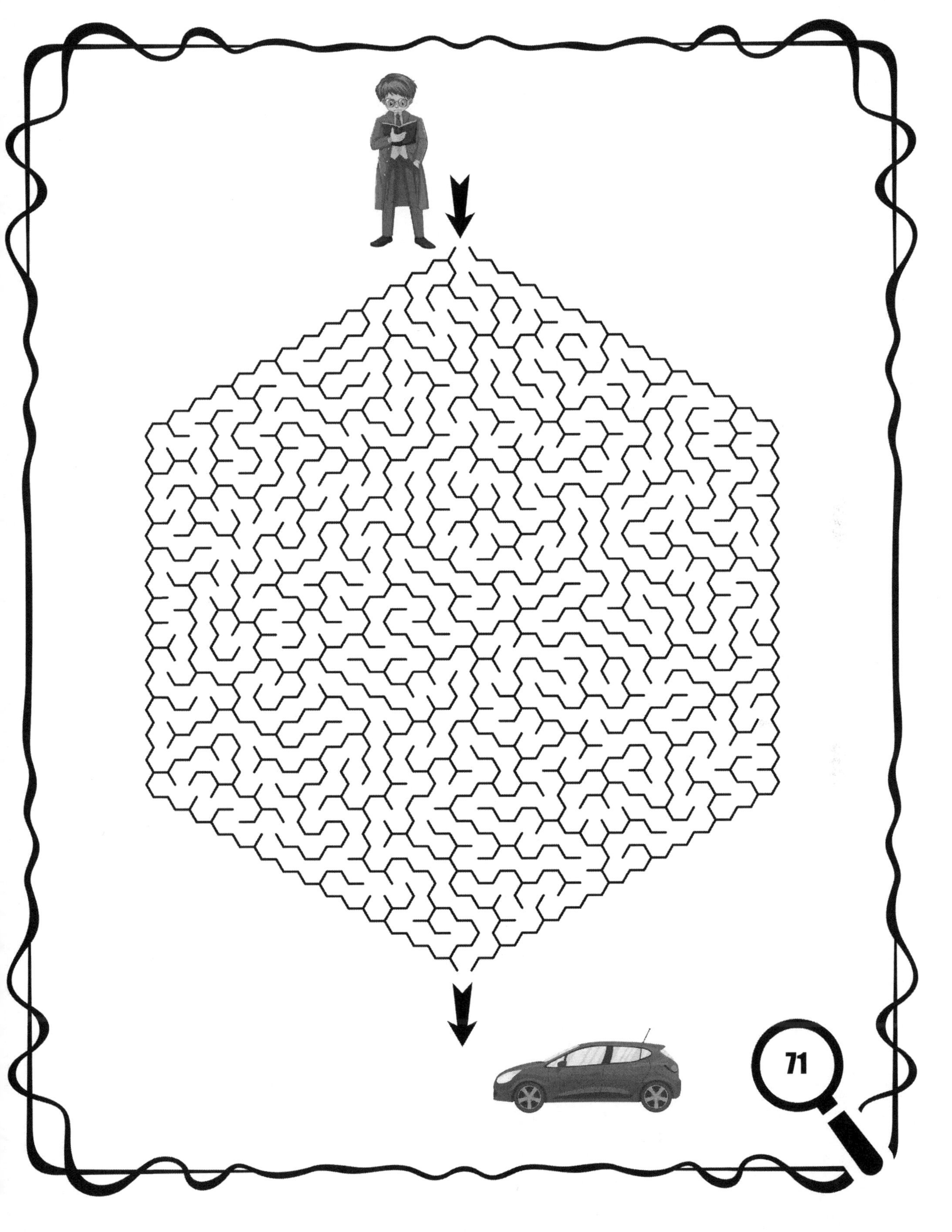
71

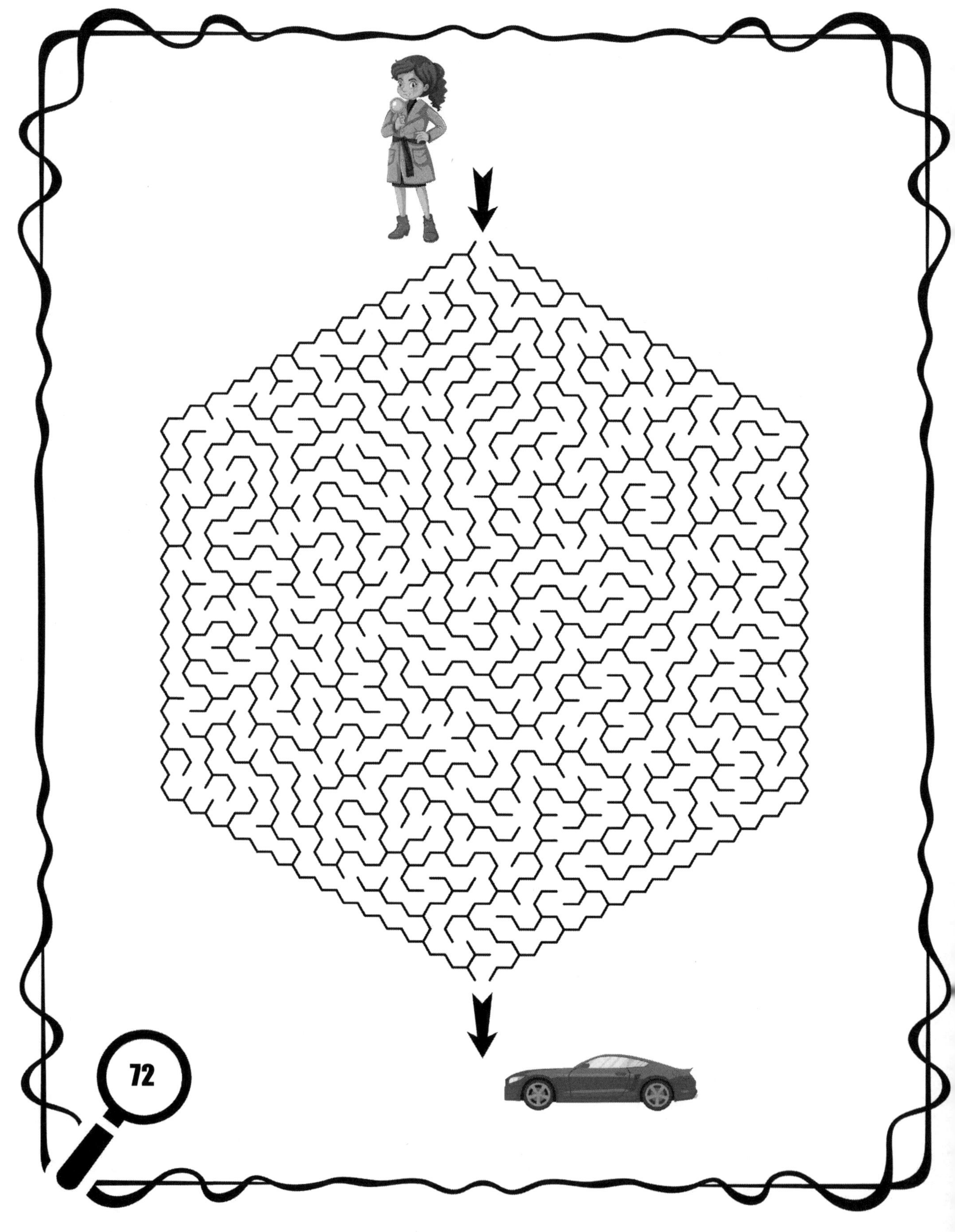

72

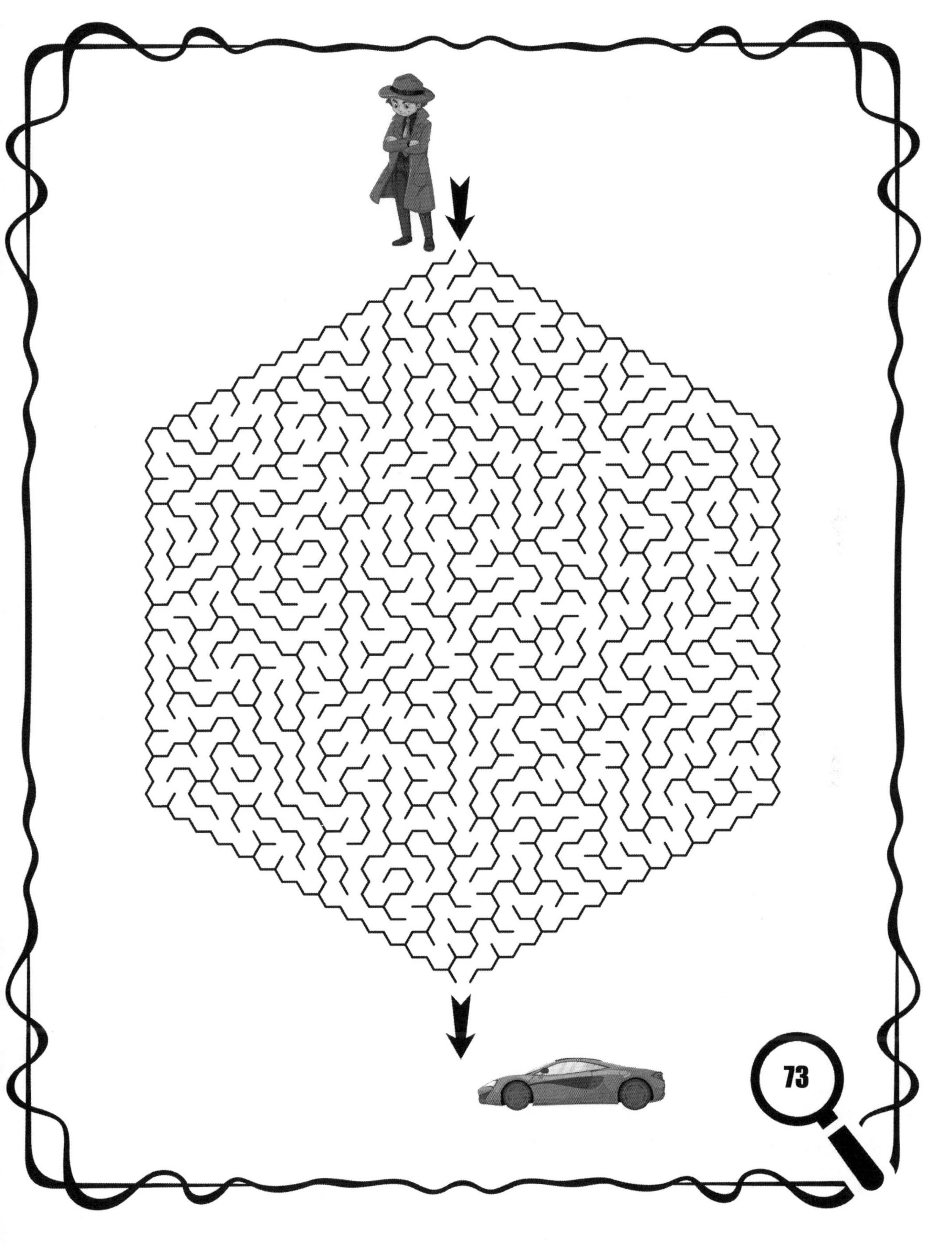

73

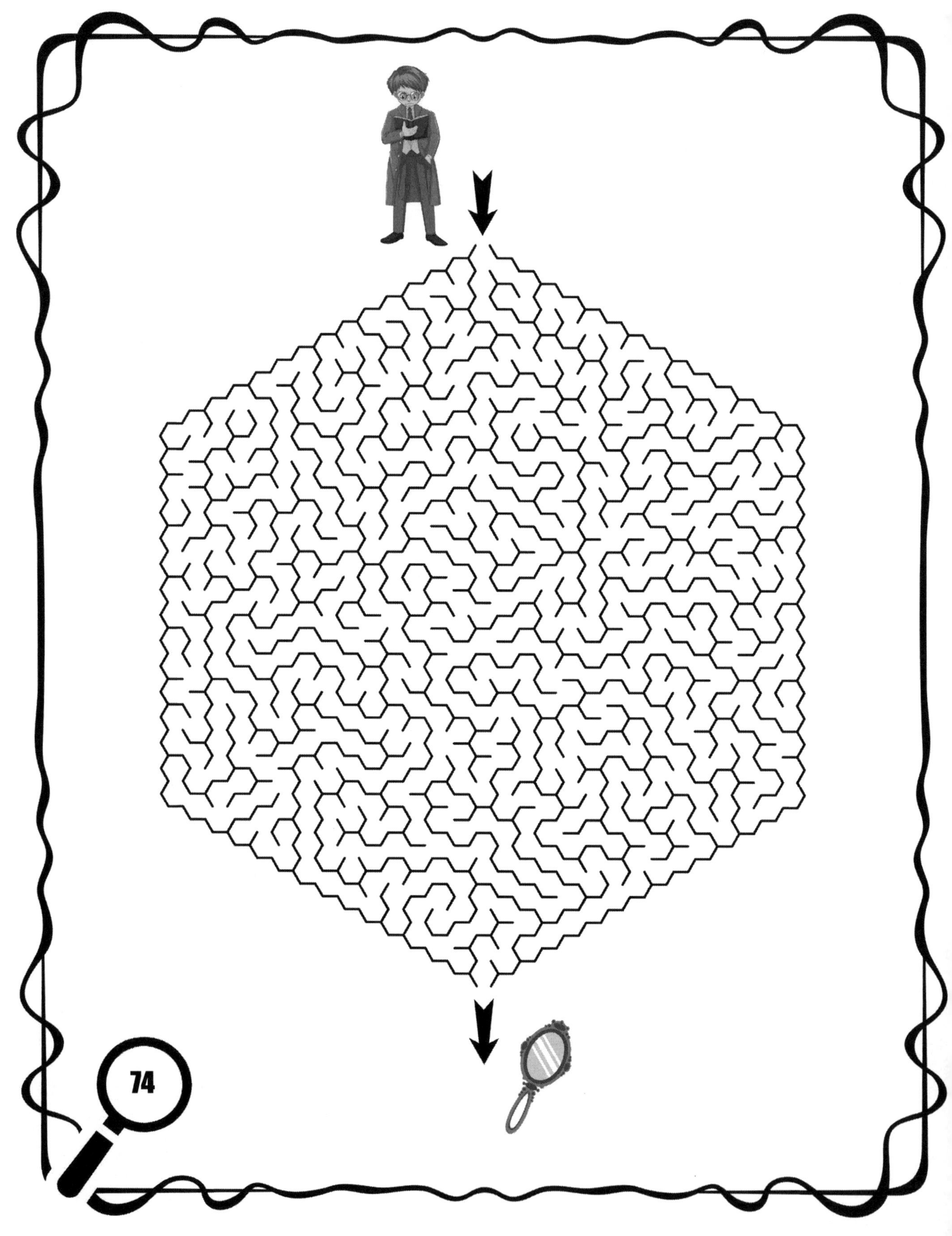

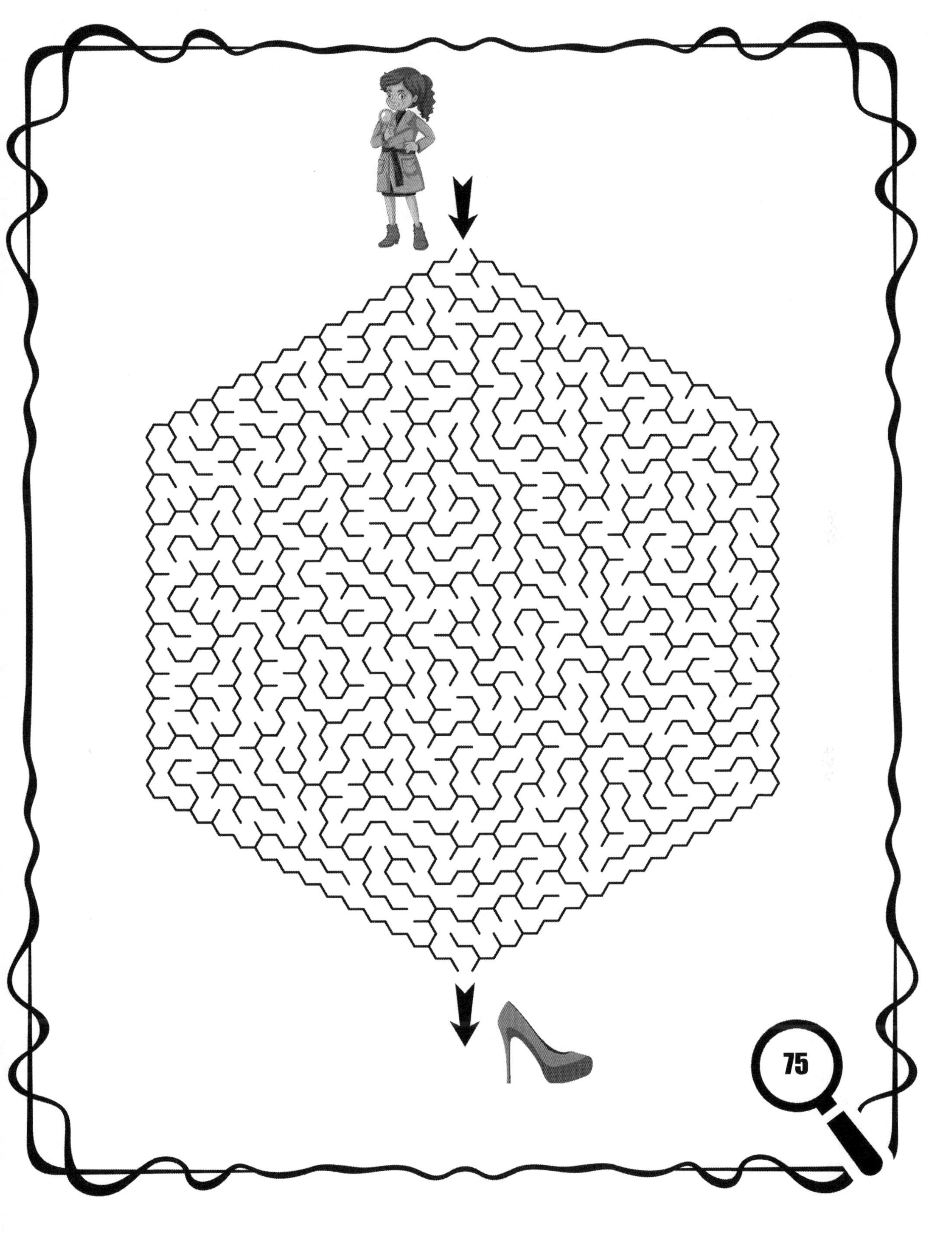

75

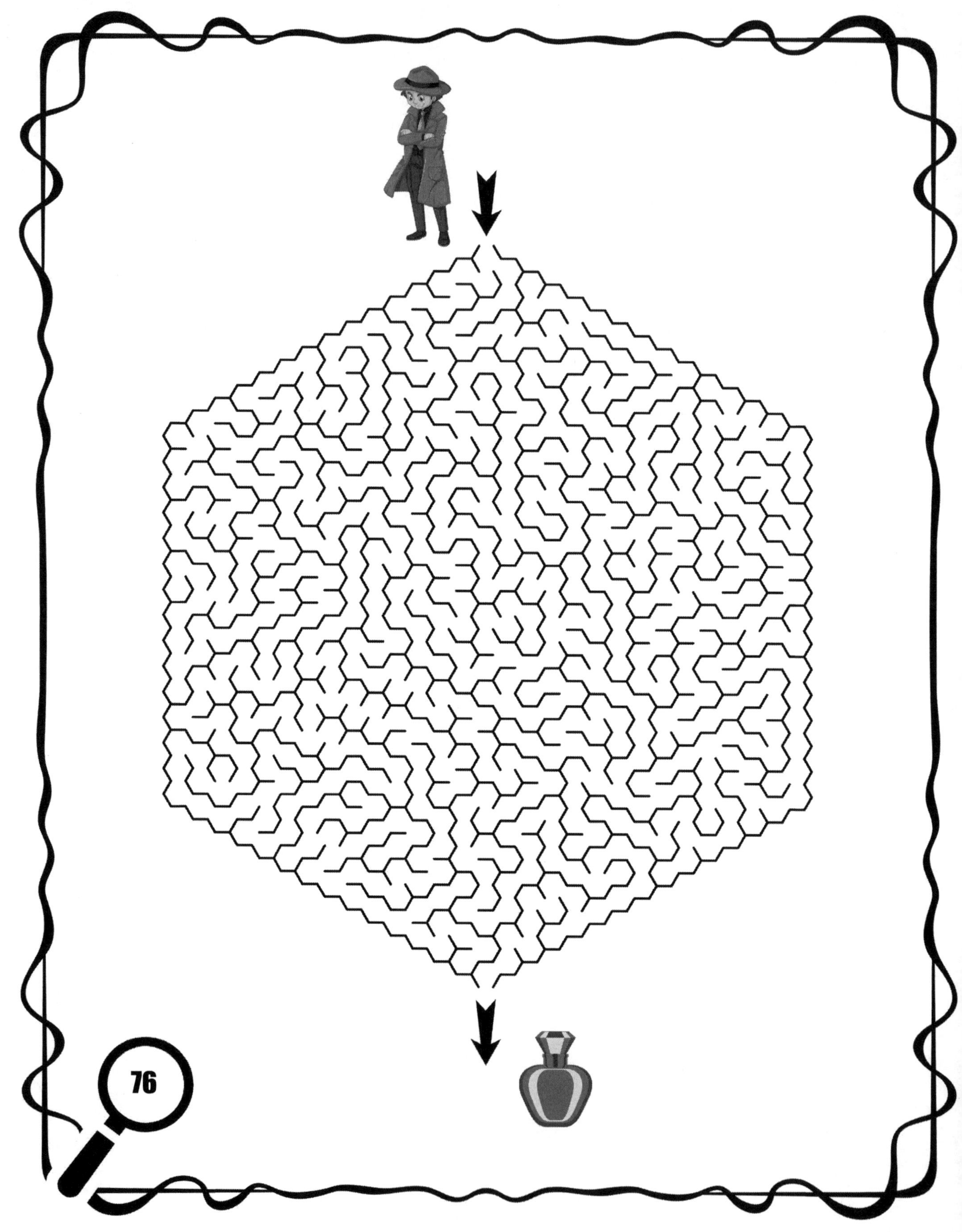

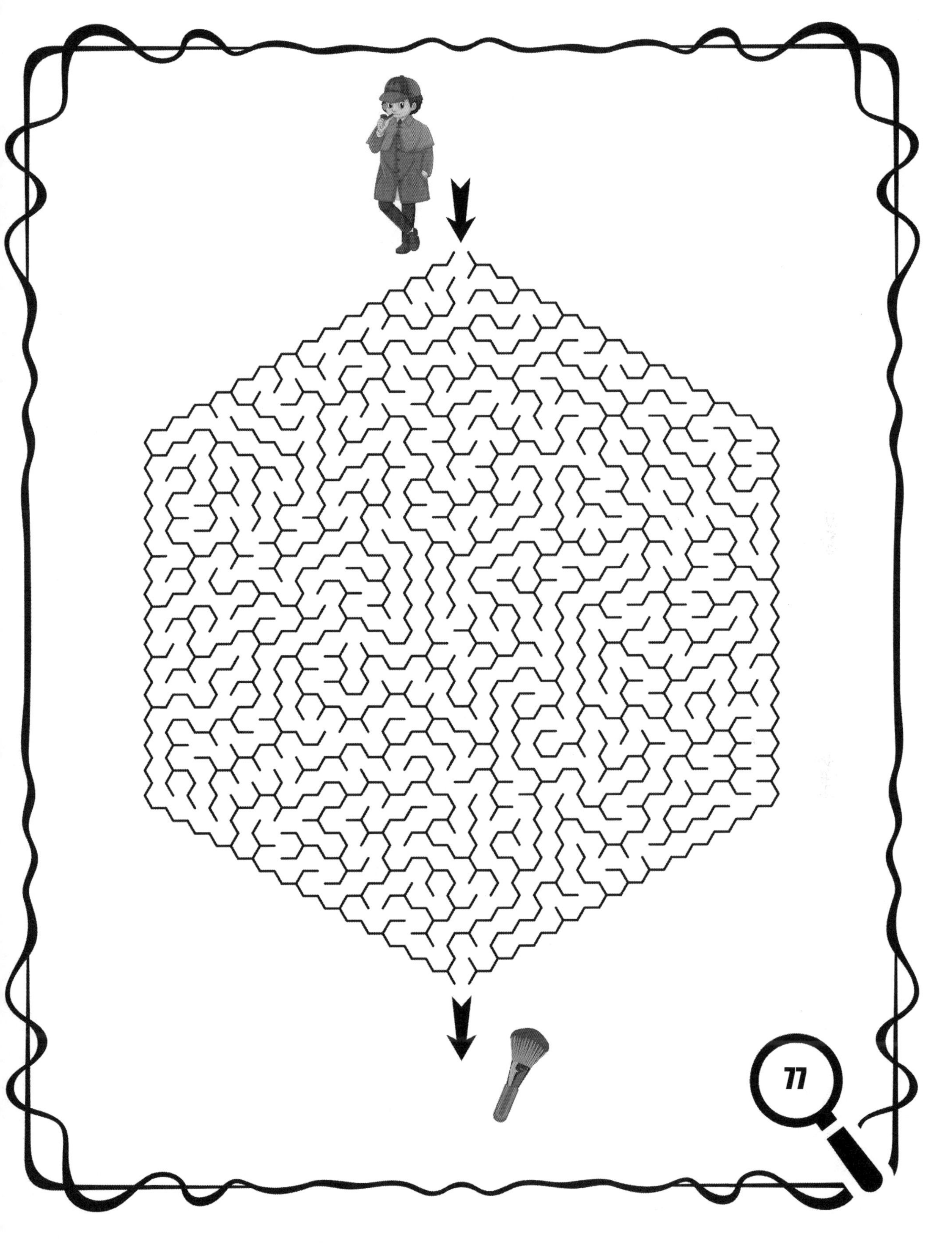

77

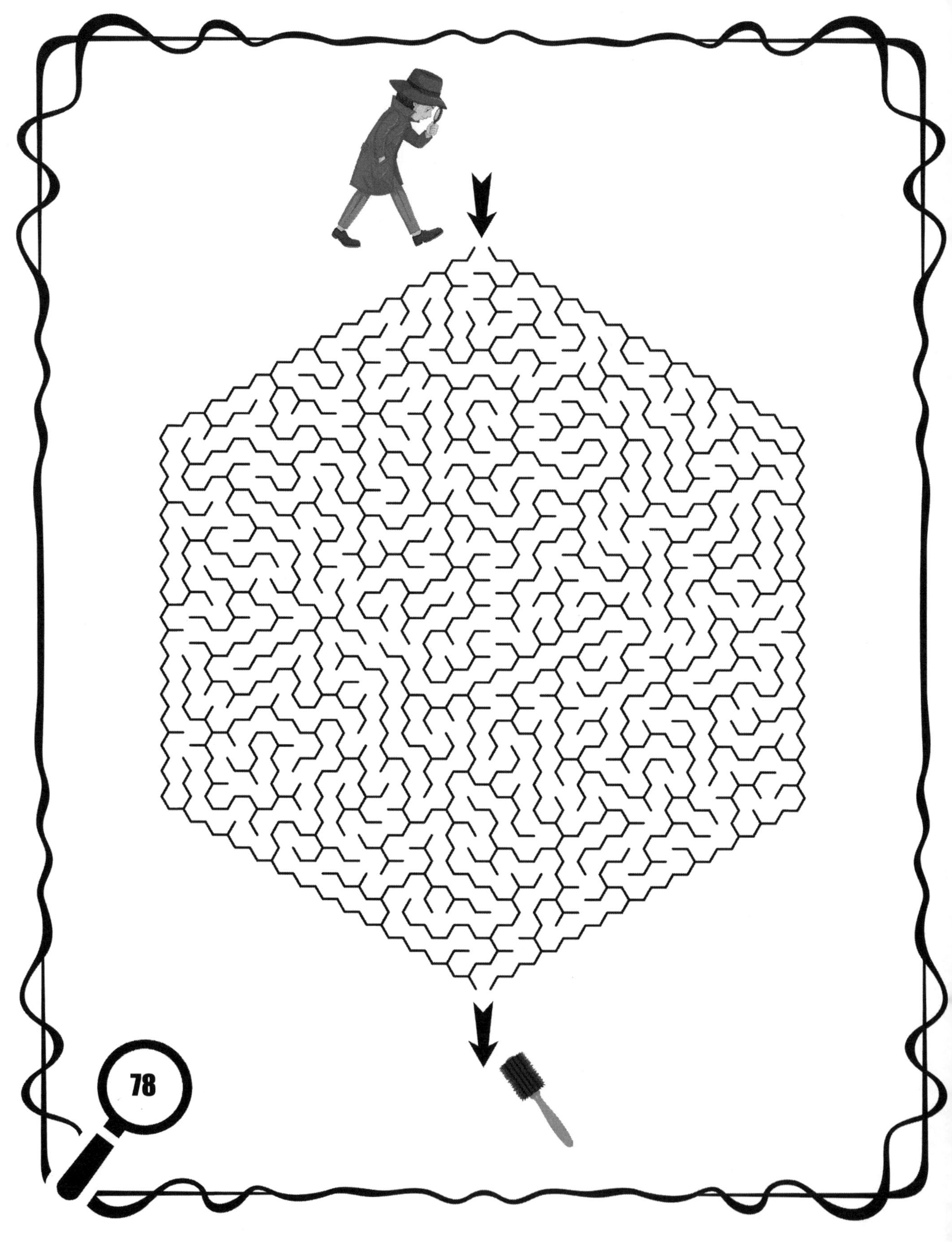

78

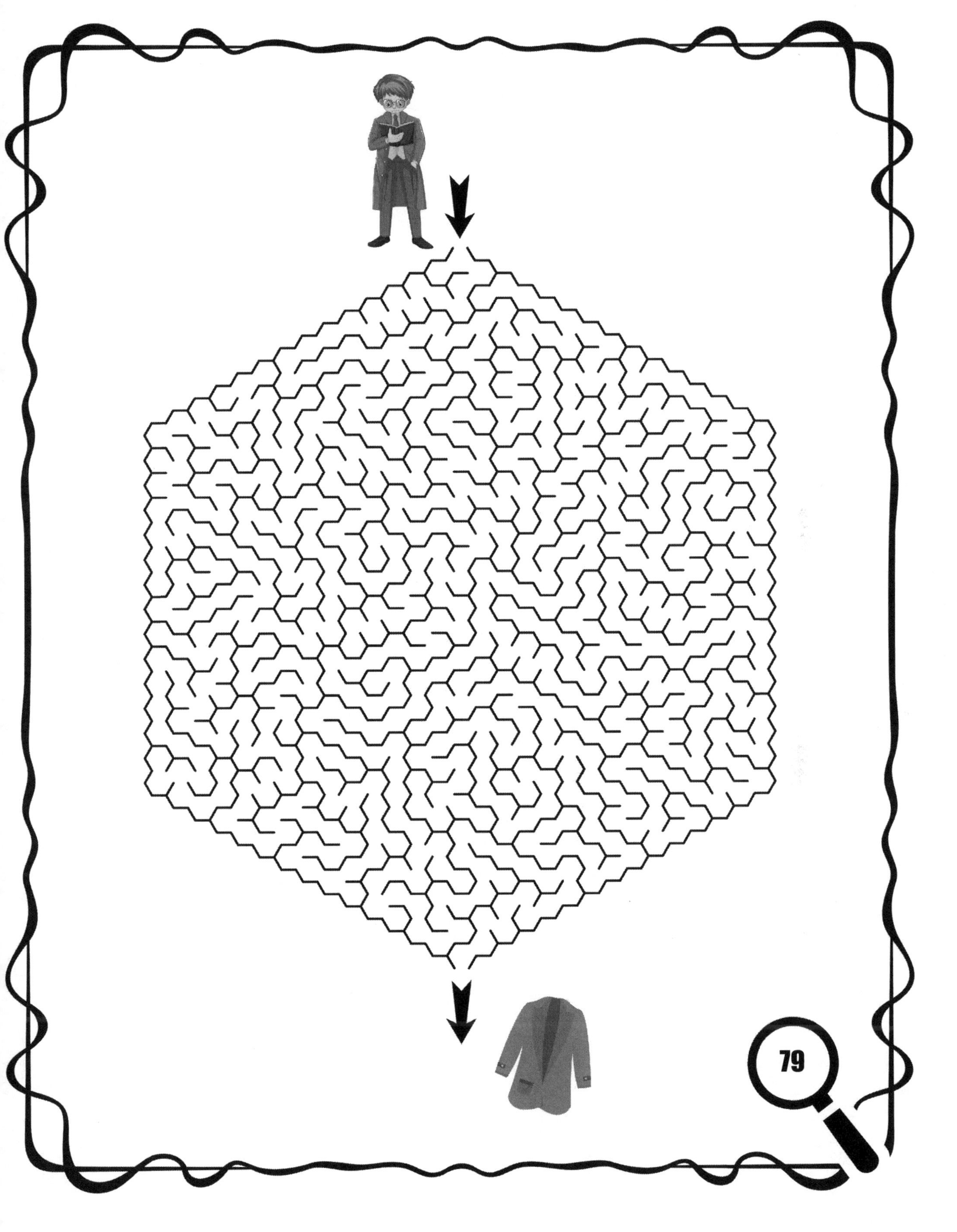

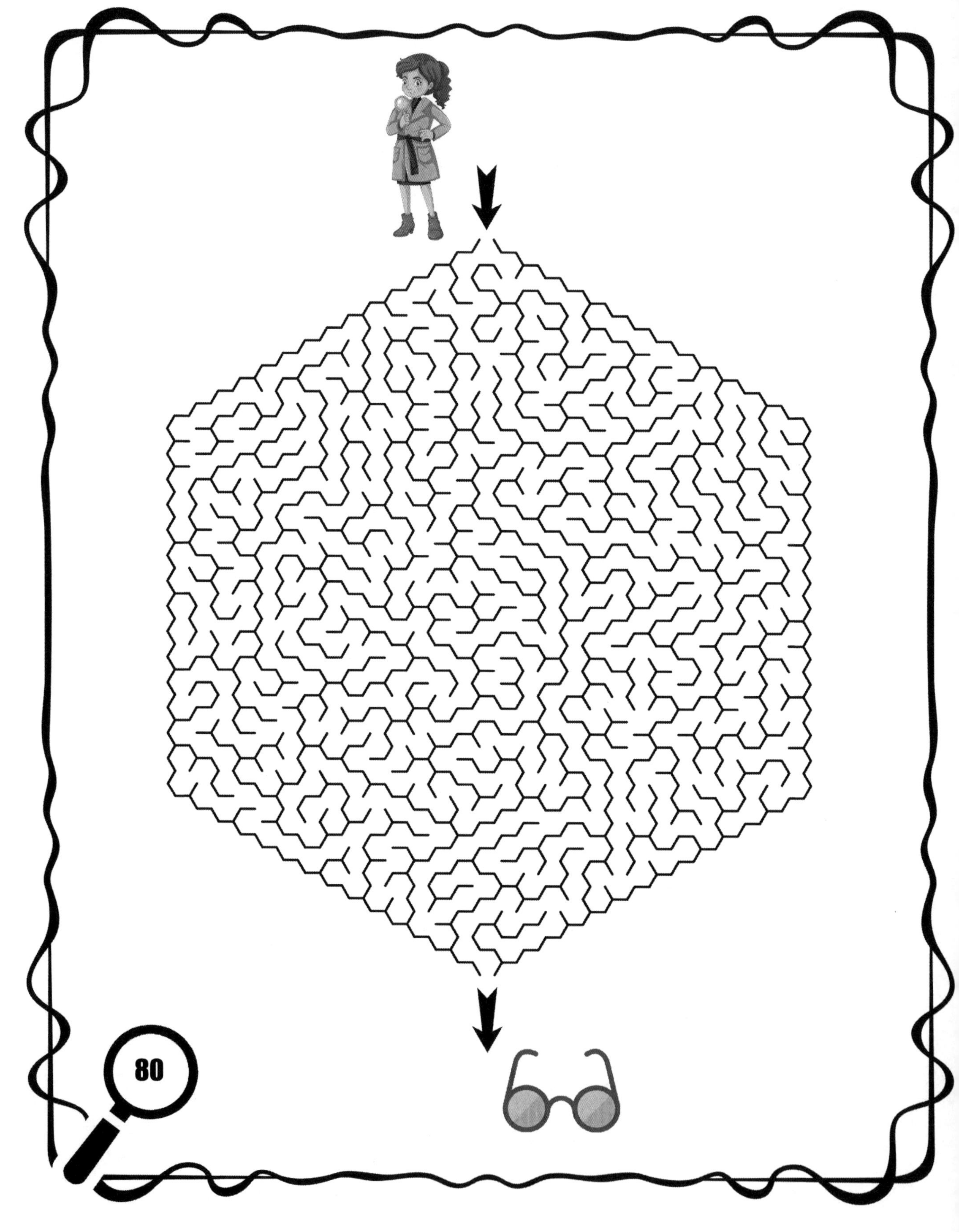

80

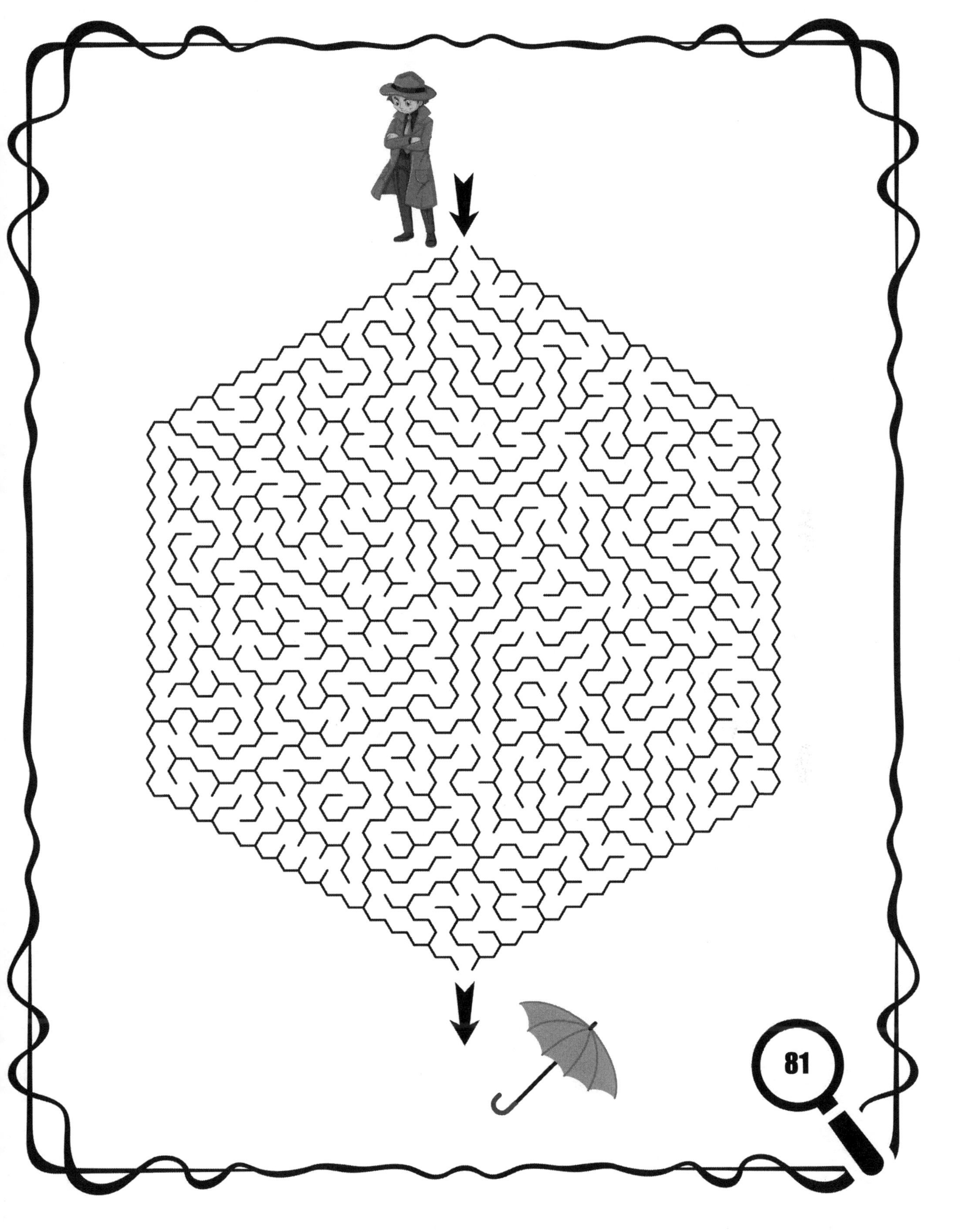

81

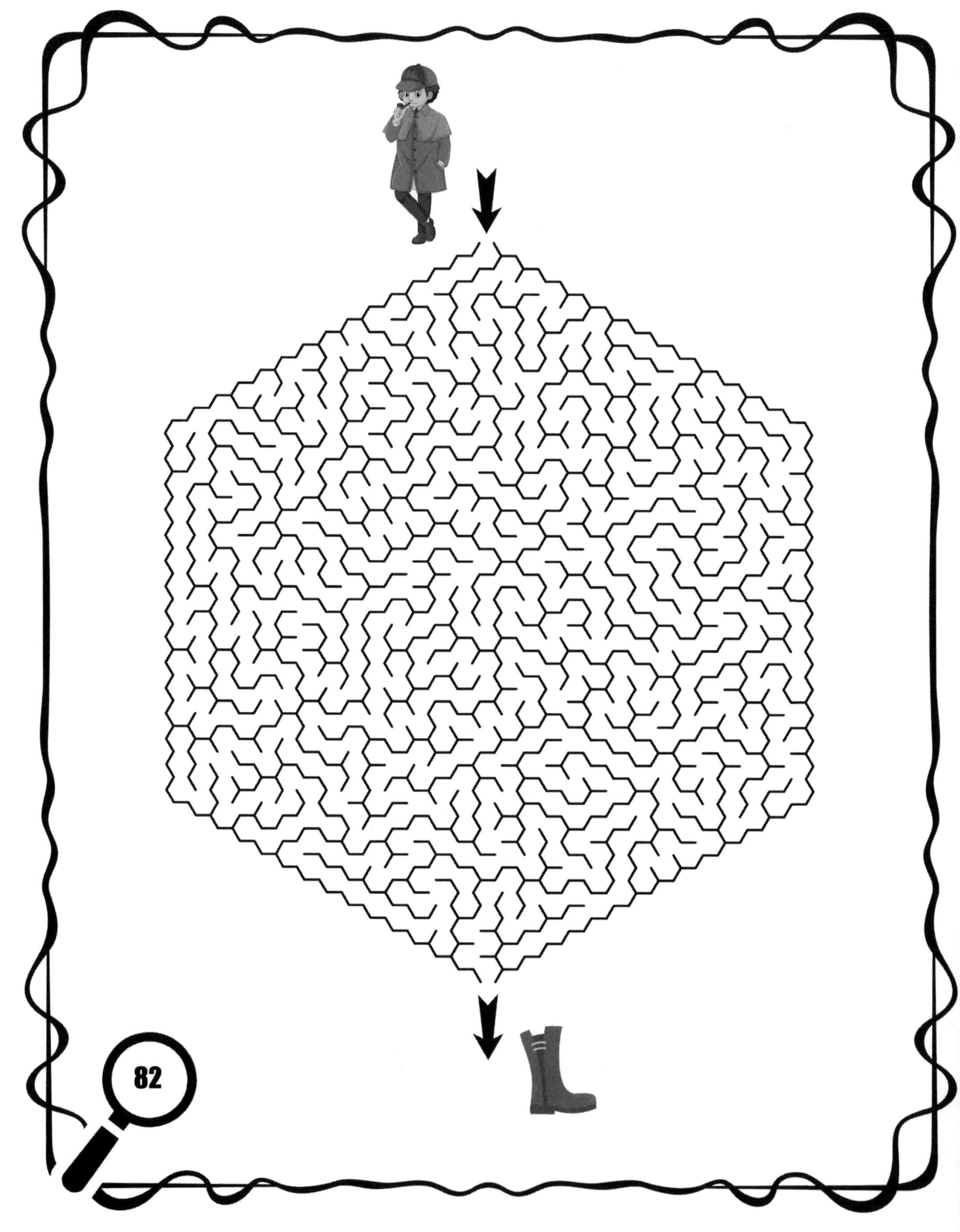

82

1

2

3

4

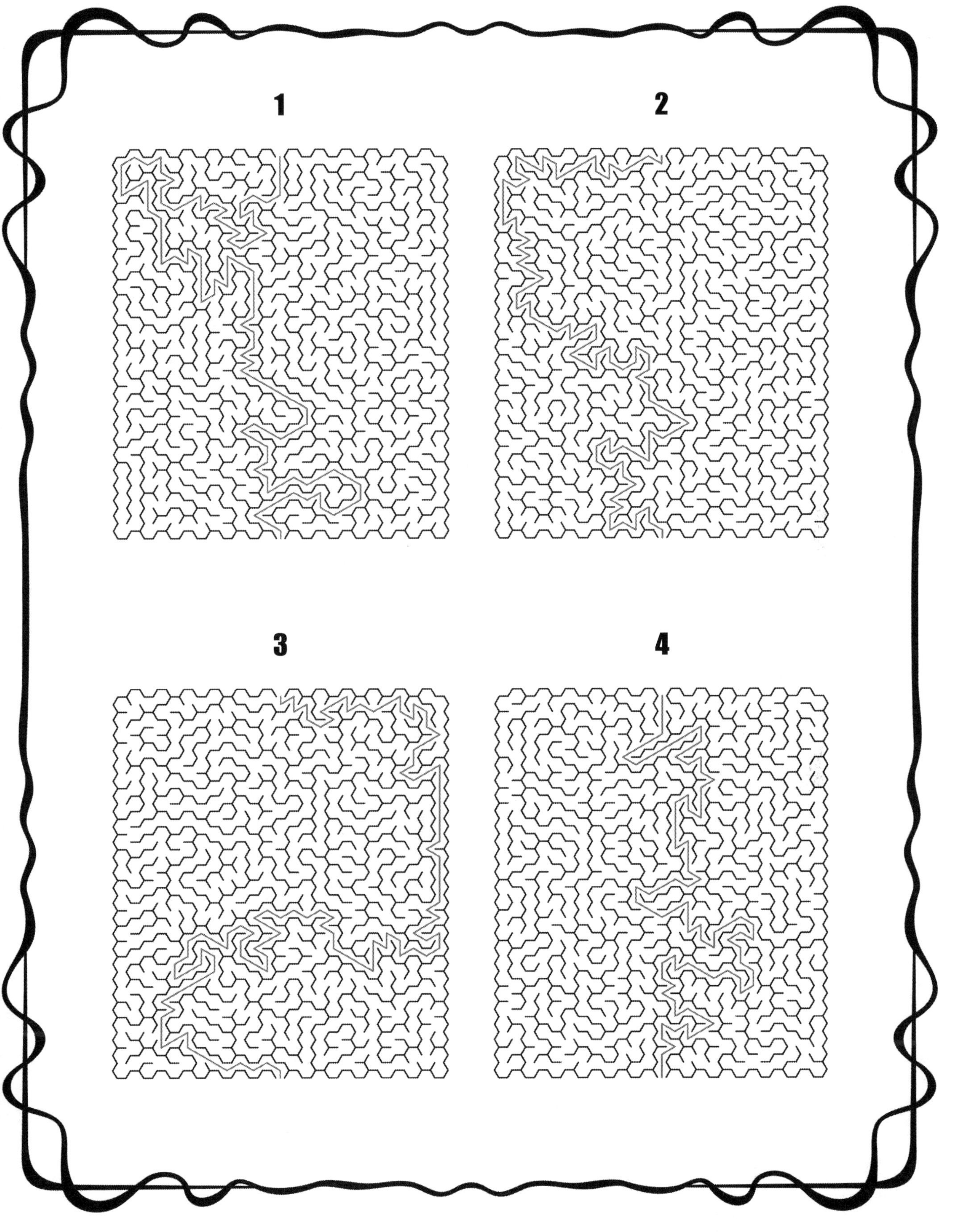

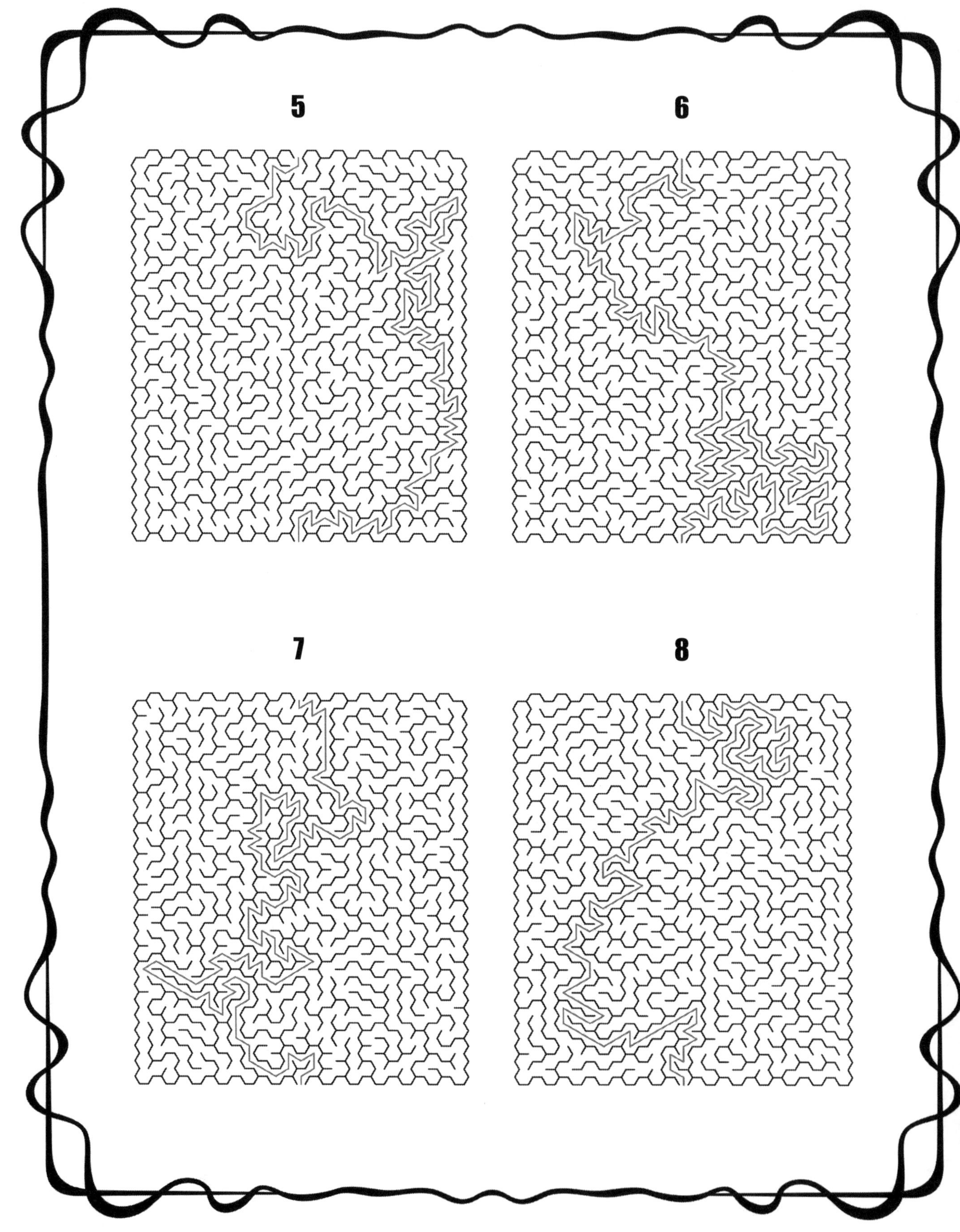

5
6
7
8

9

10

11

12

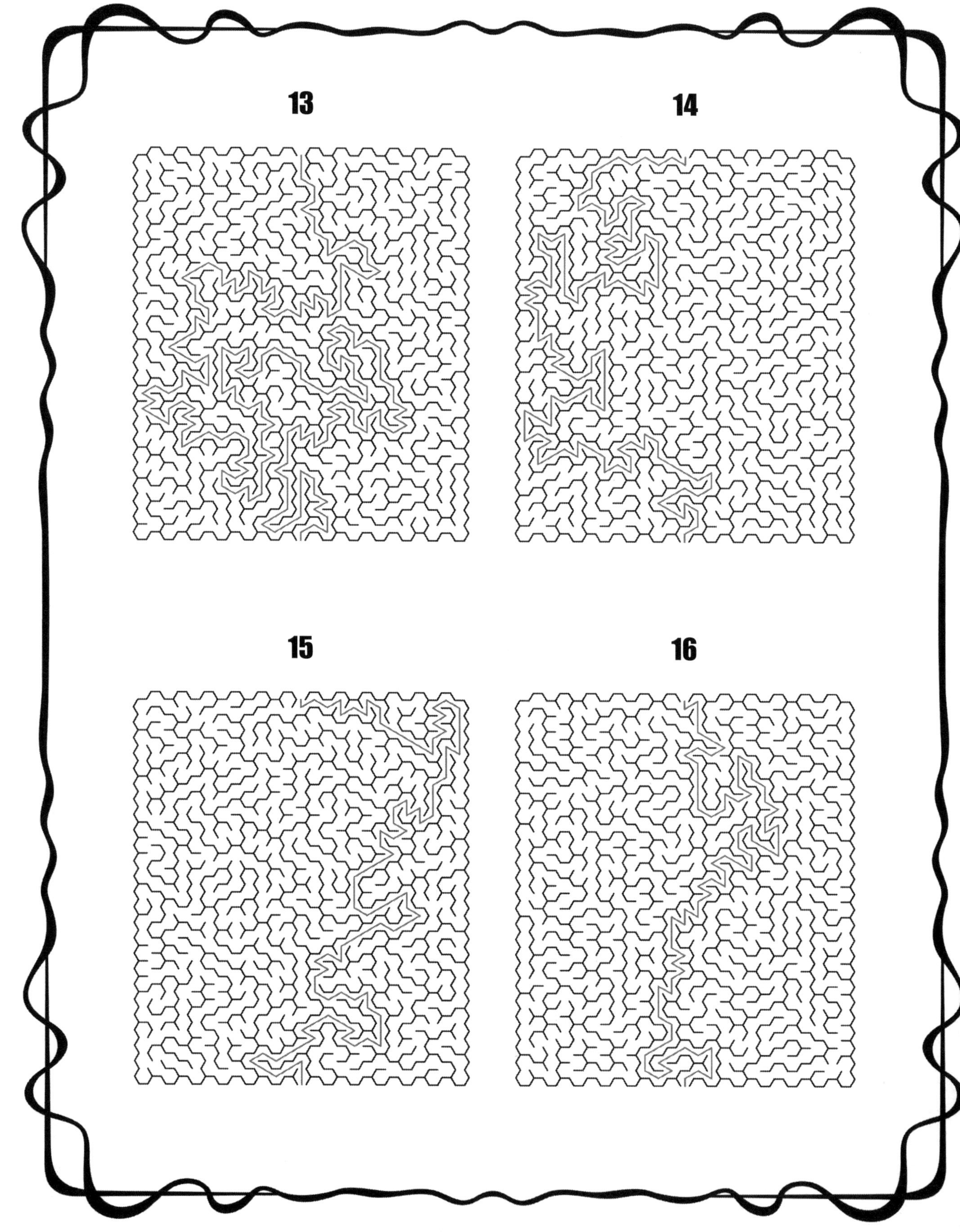

13
14
15
16

17

18

19

20

21

22

23

24

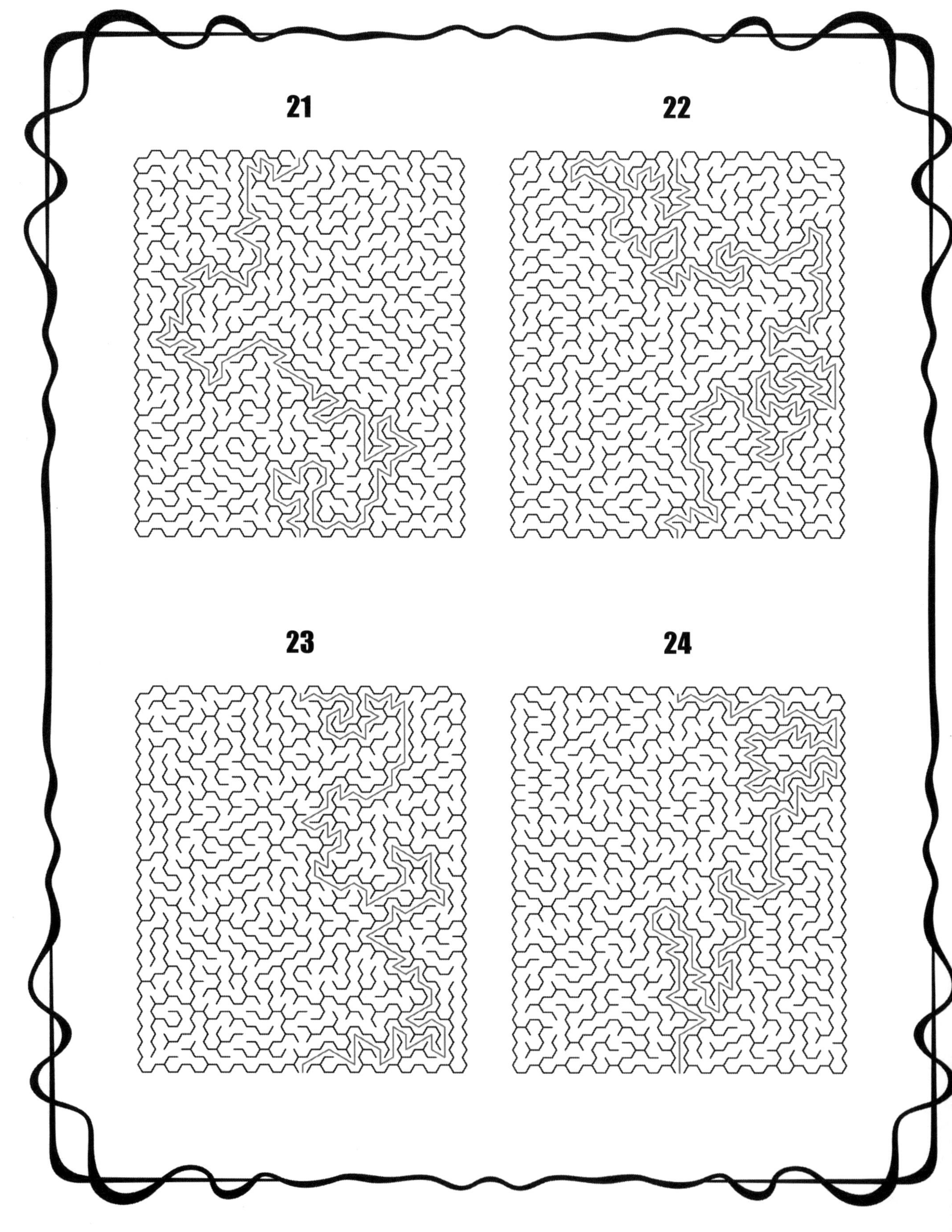

25

26

27

28

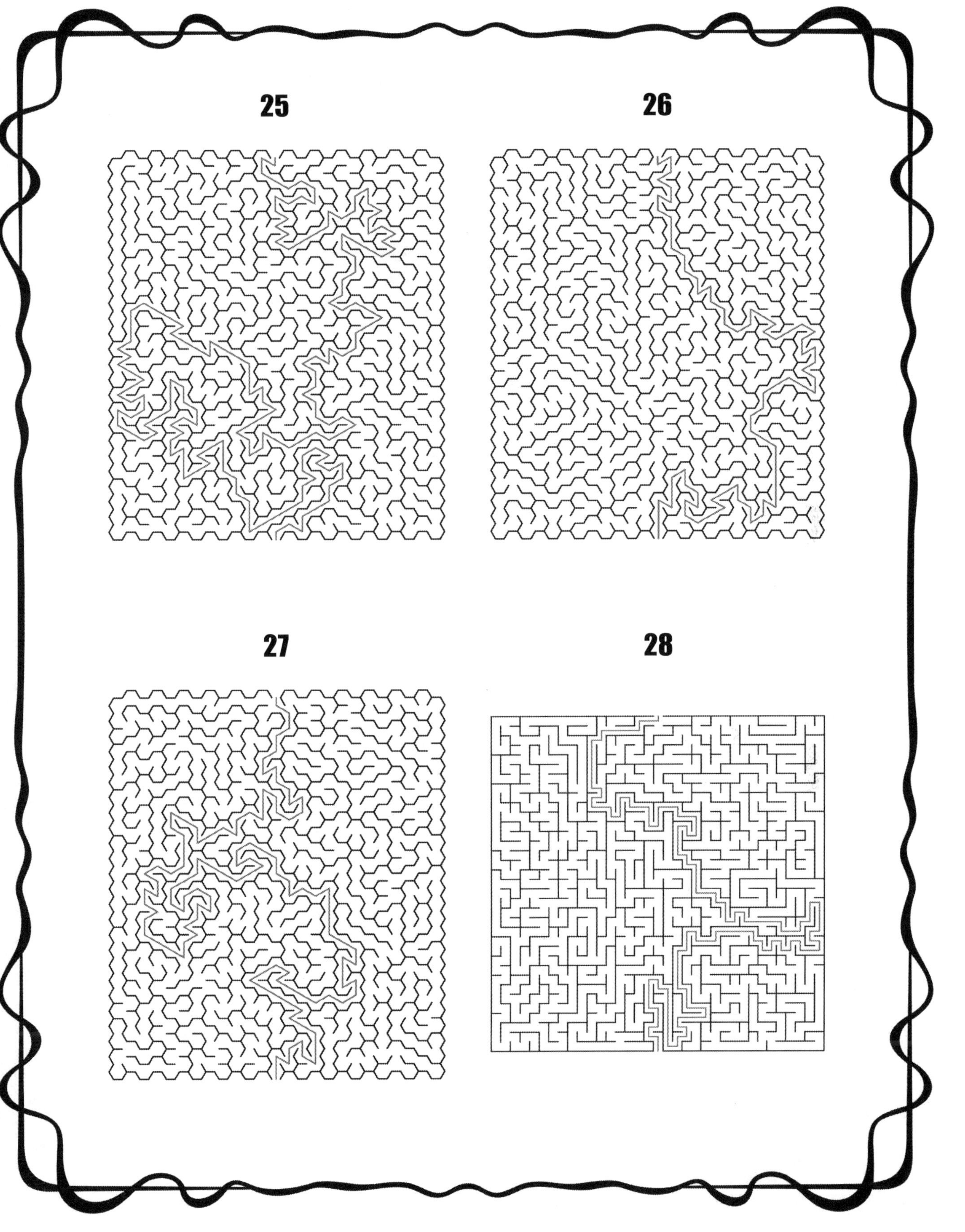

29

30

31

32

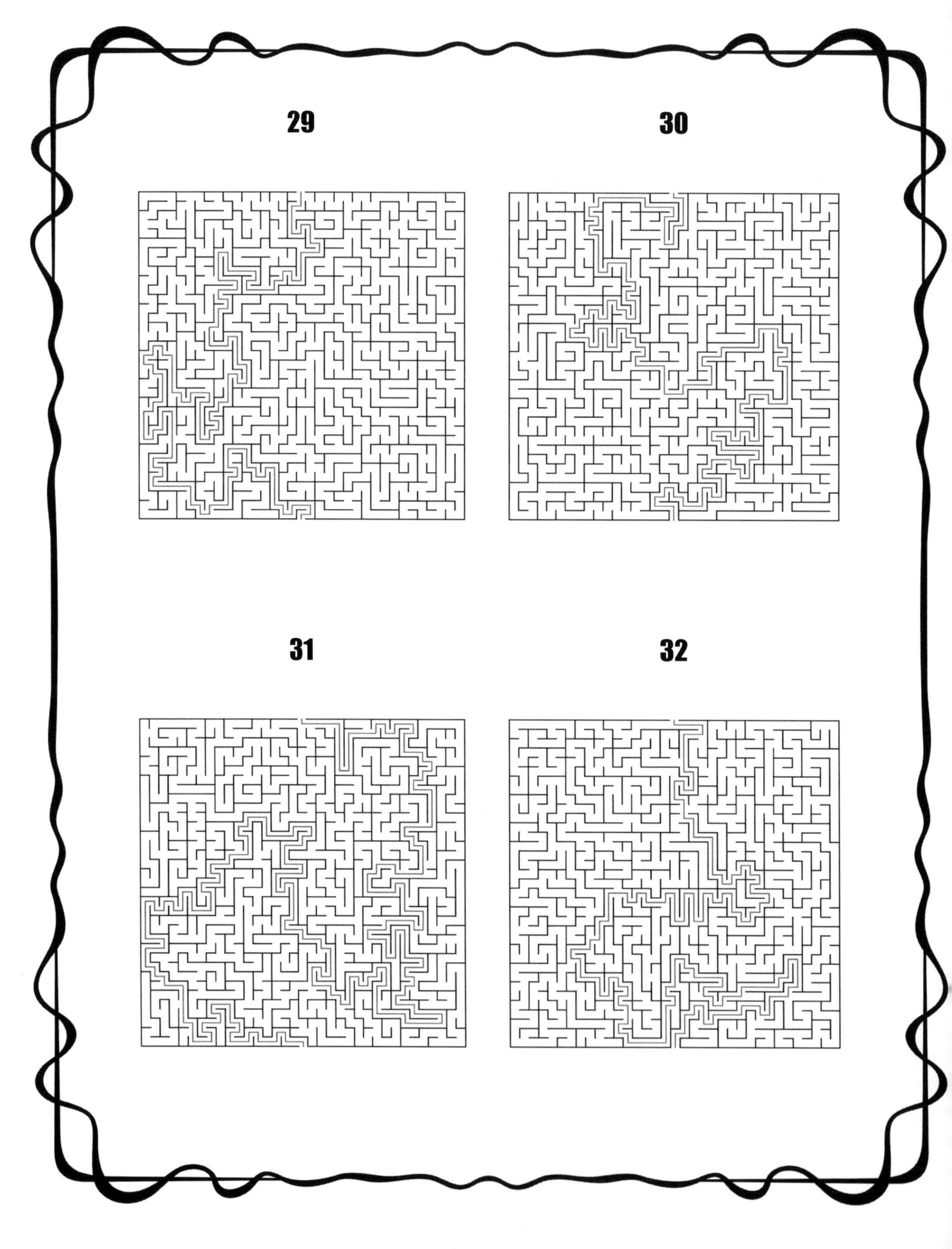

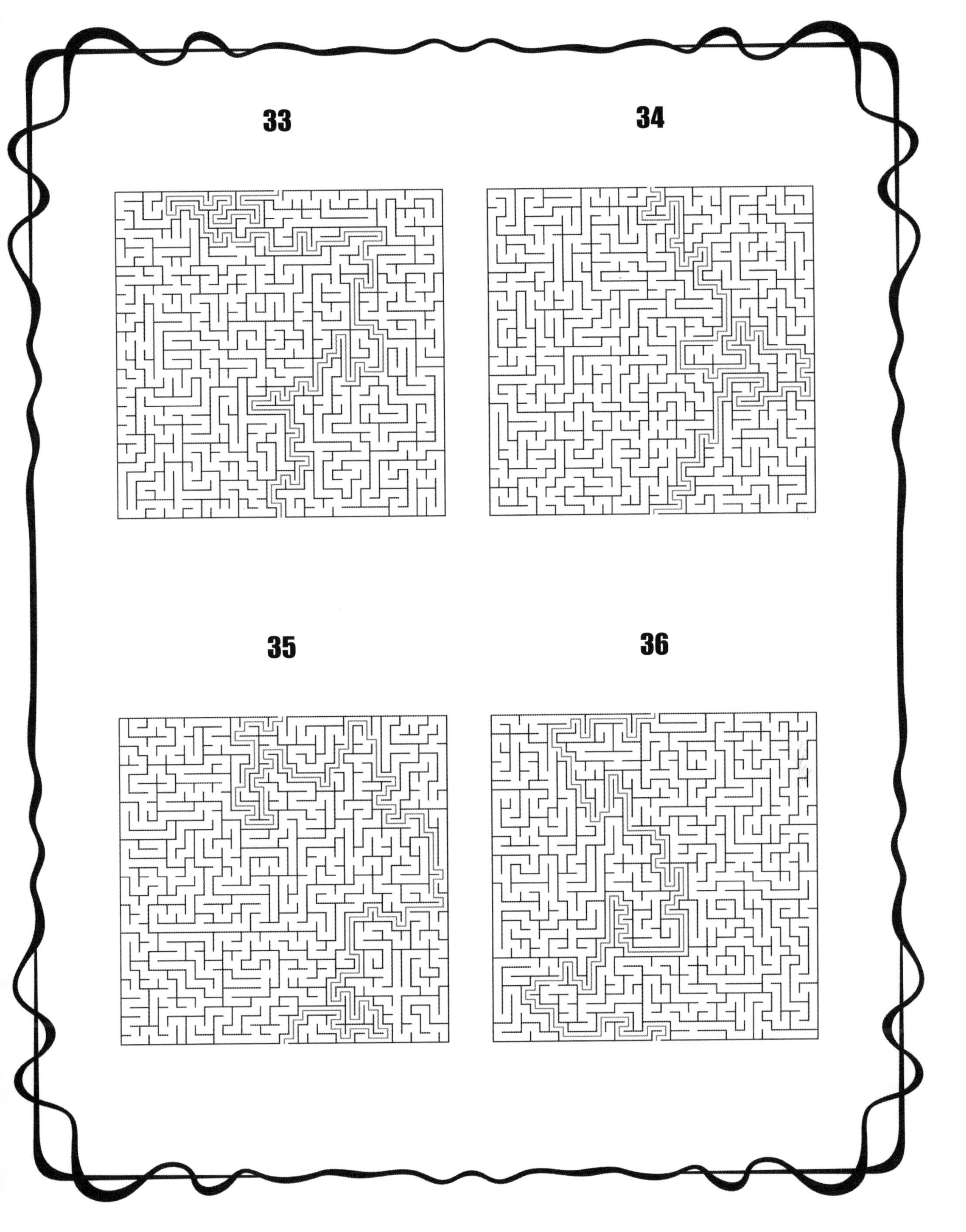

33
34
35
36

37

38

39

40

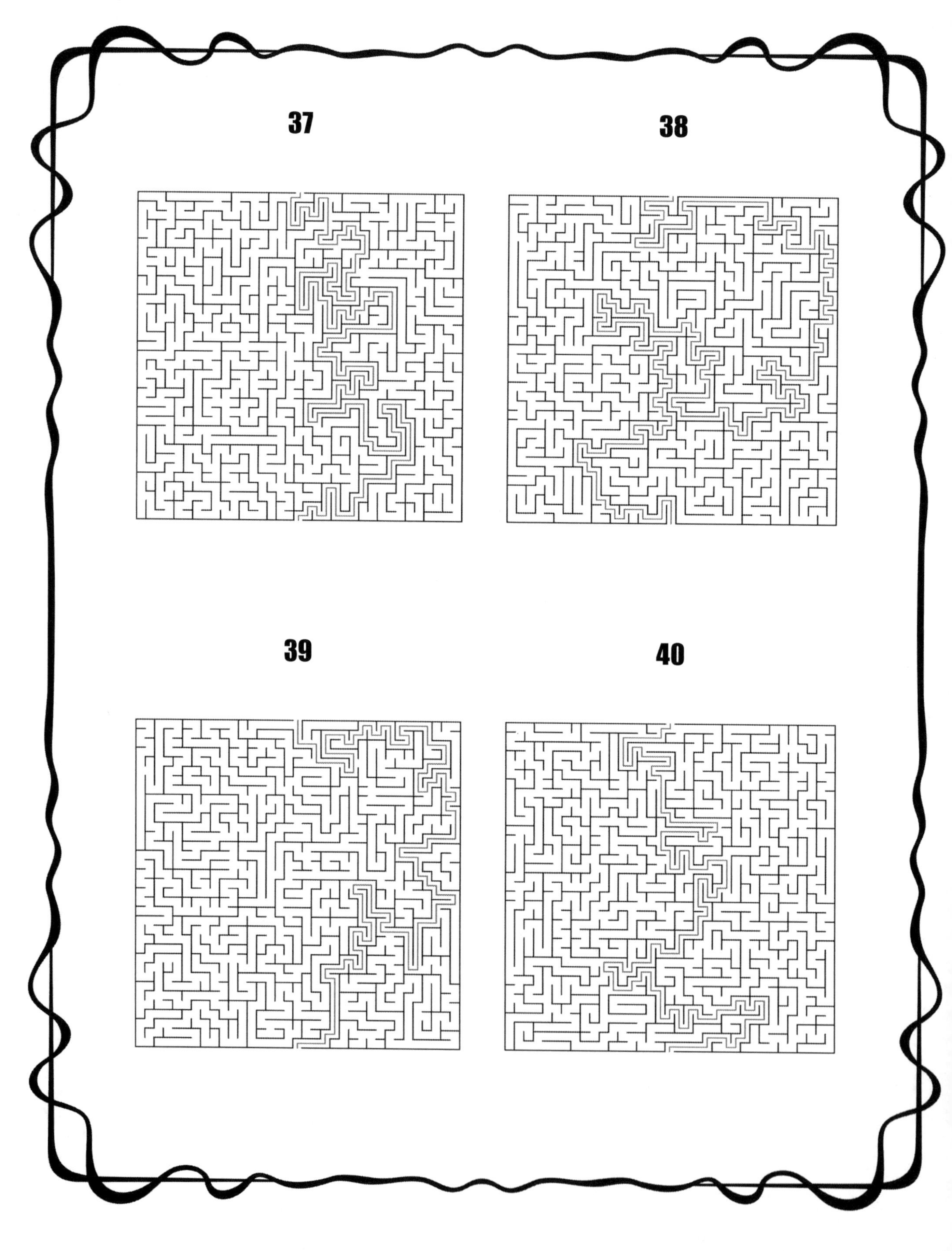

41

42

43

44

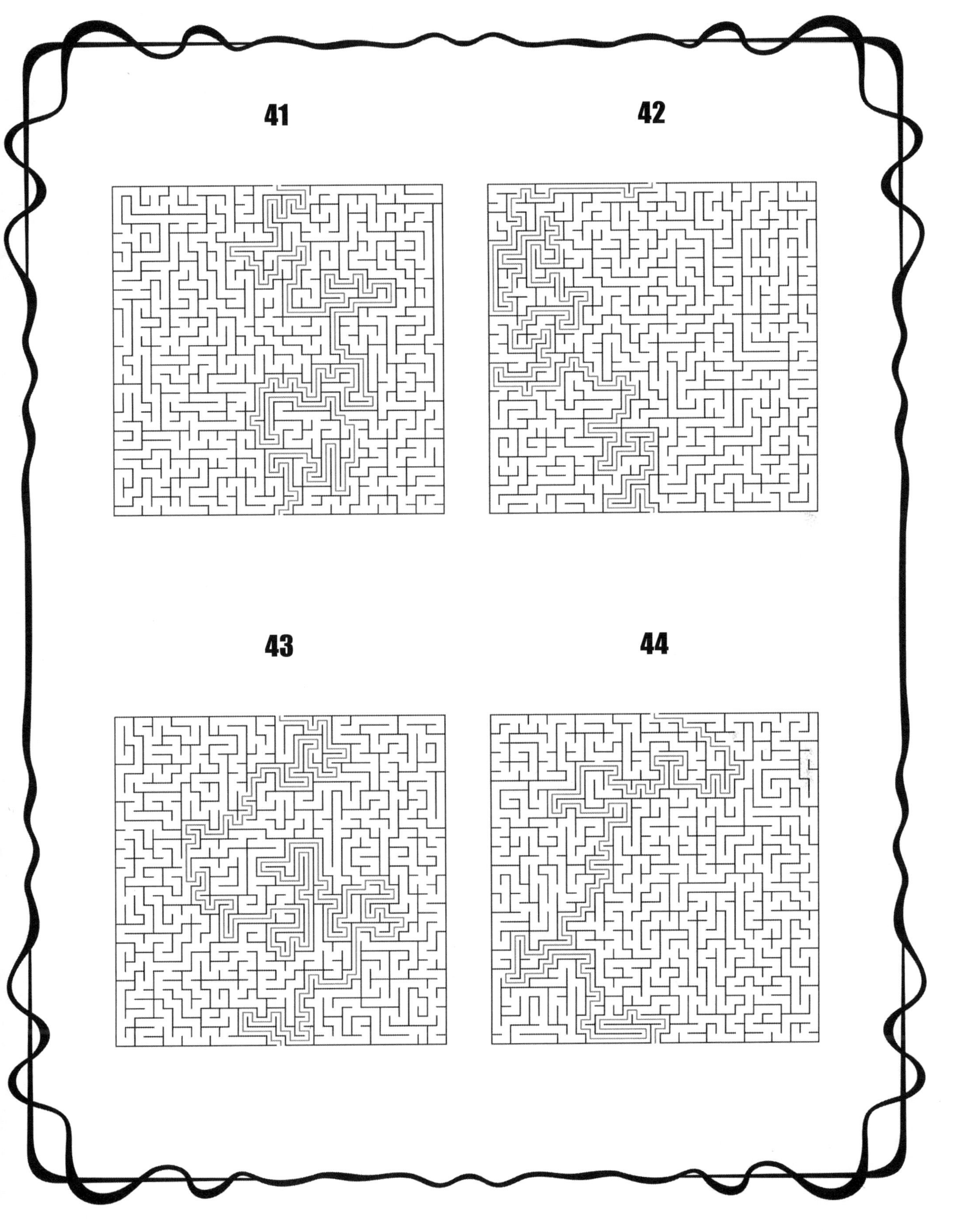

45

46

47

48

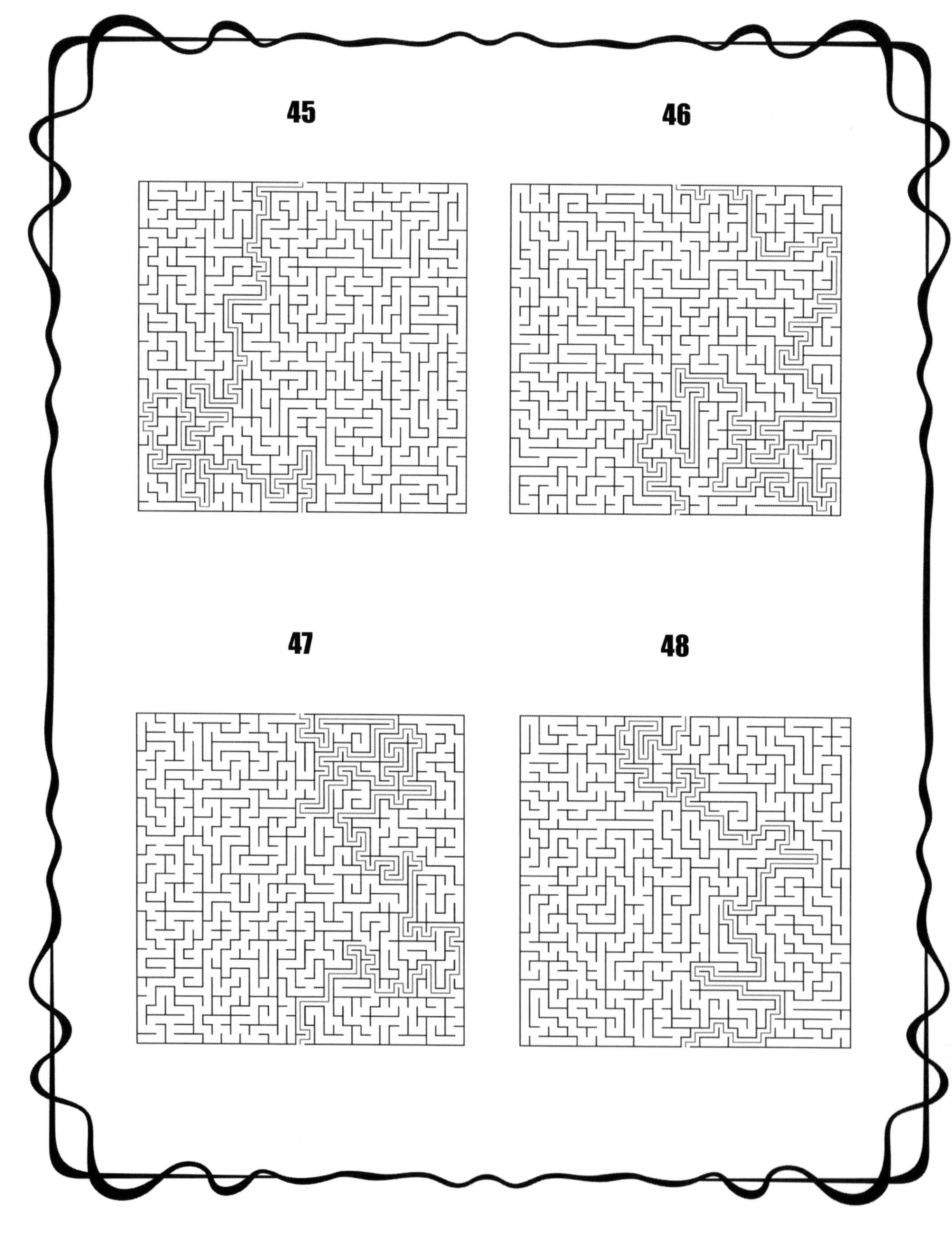

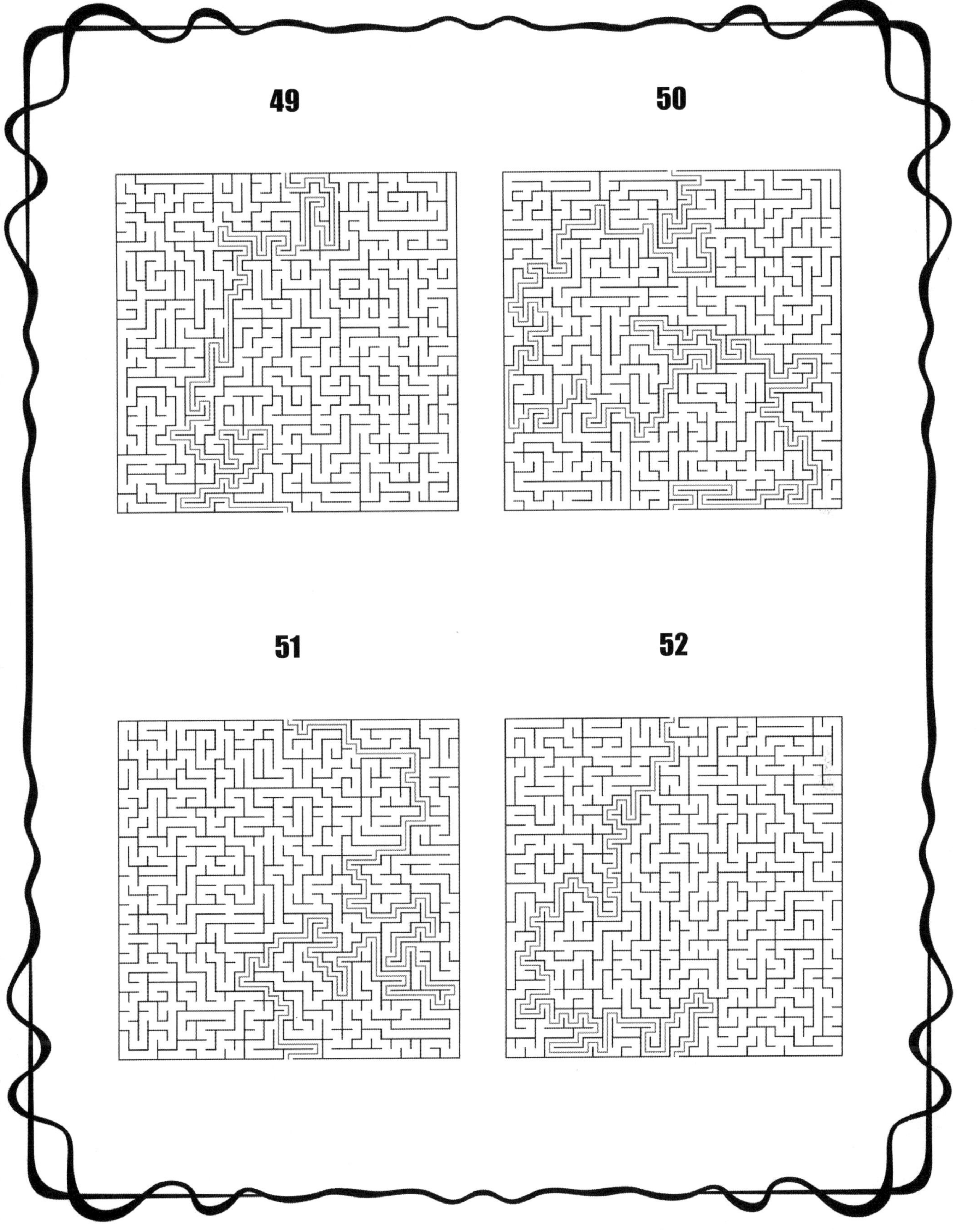
49
50
51
52

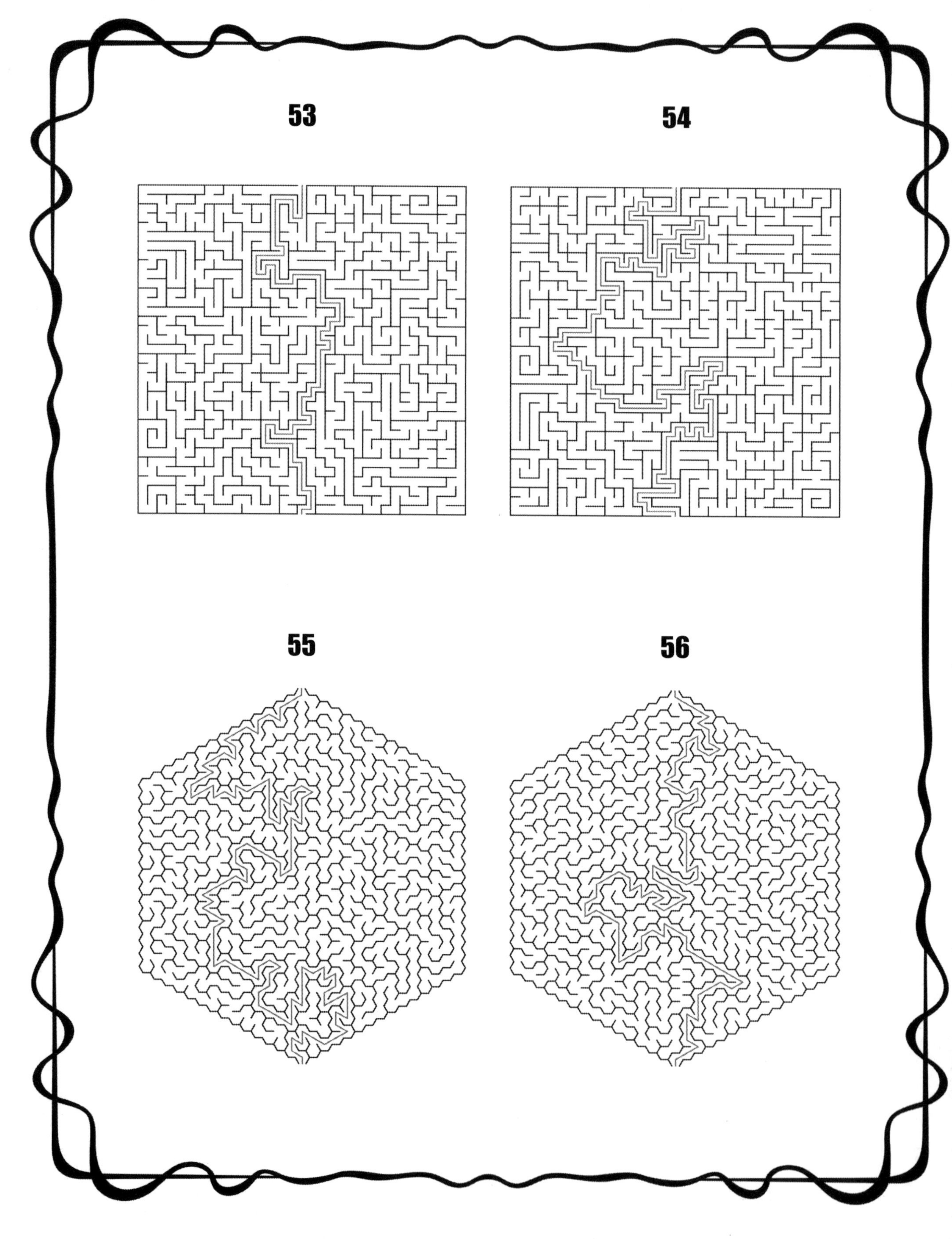

53
54
55
56

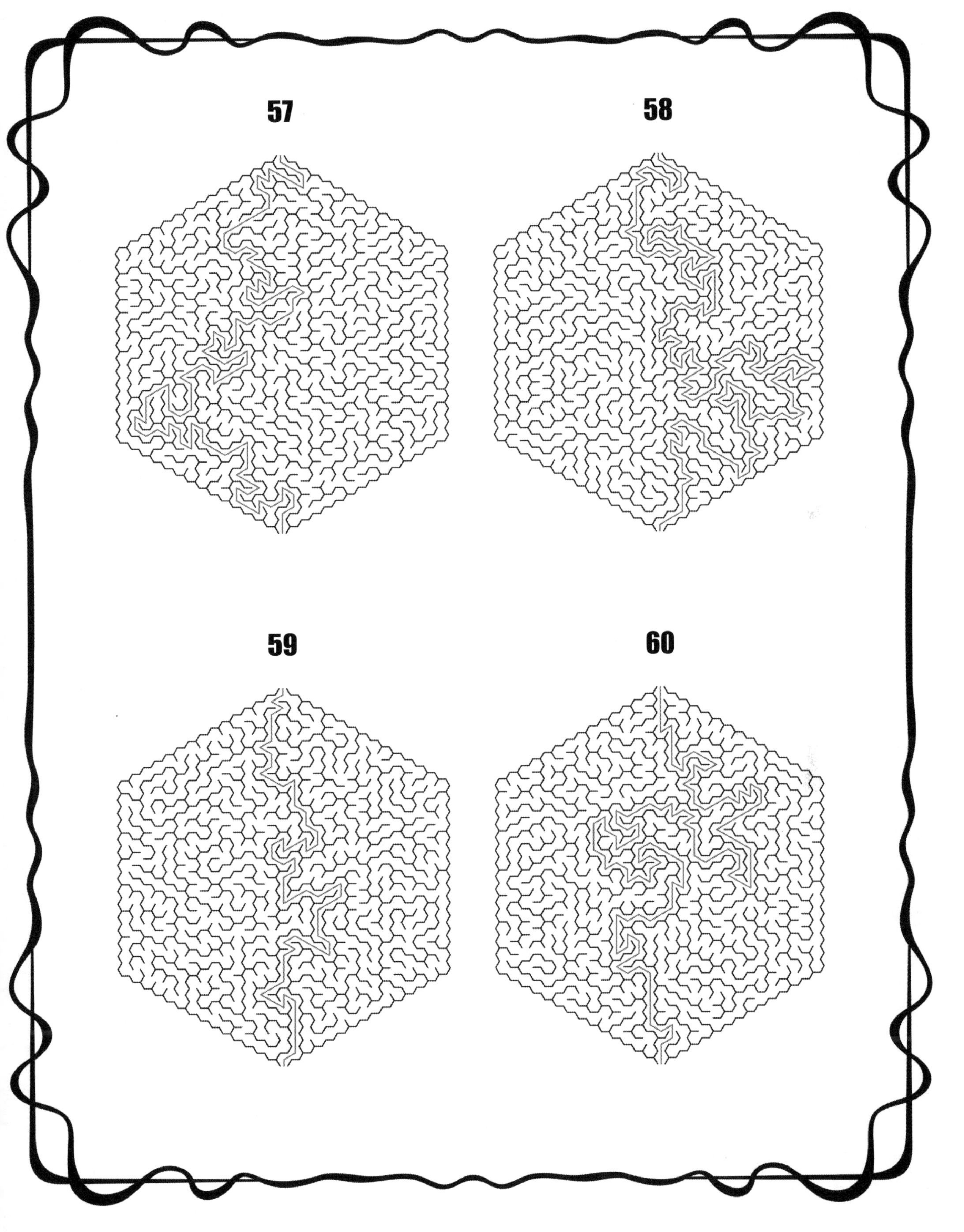
57
58
59
60

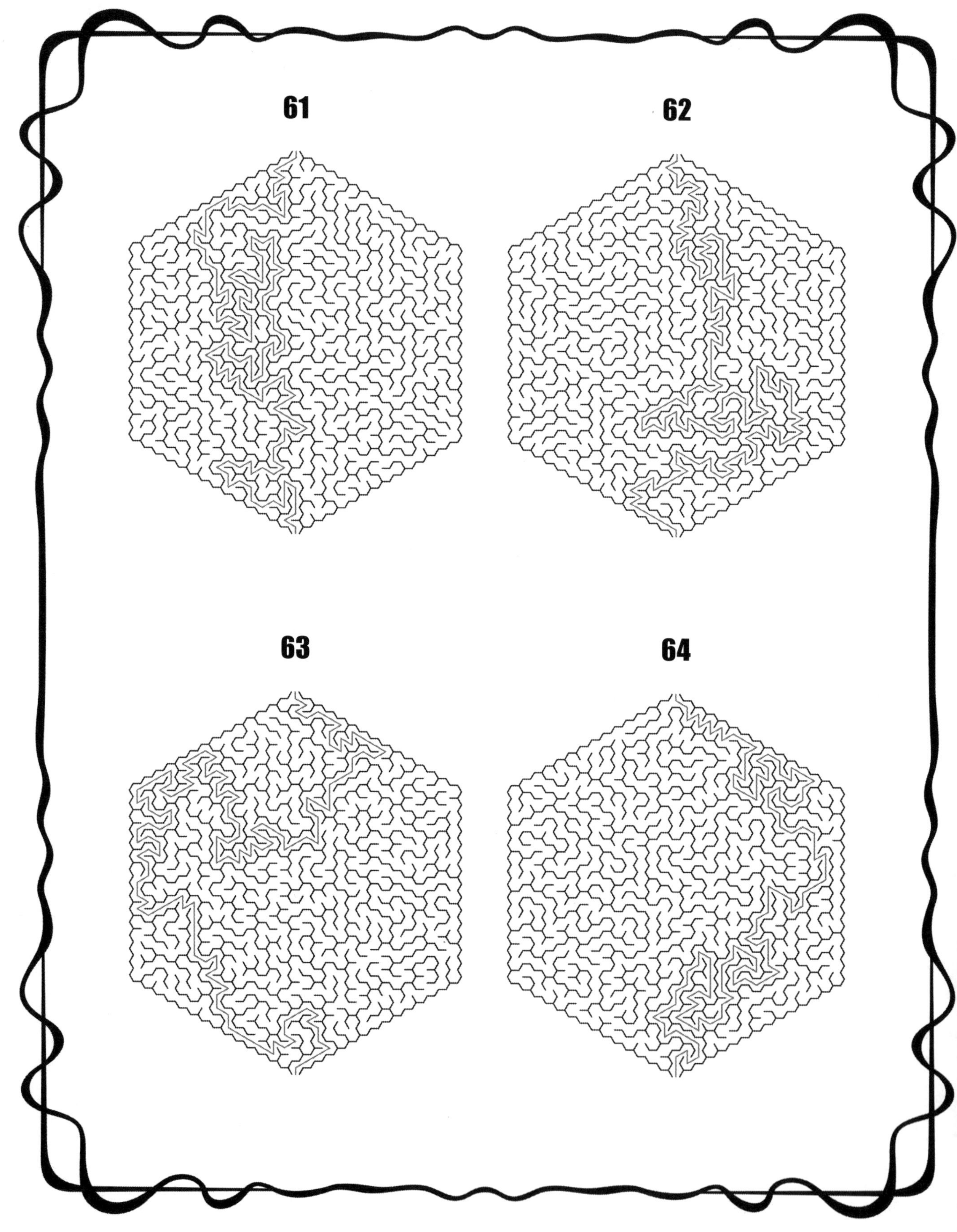

61

62

63

64

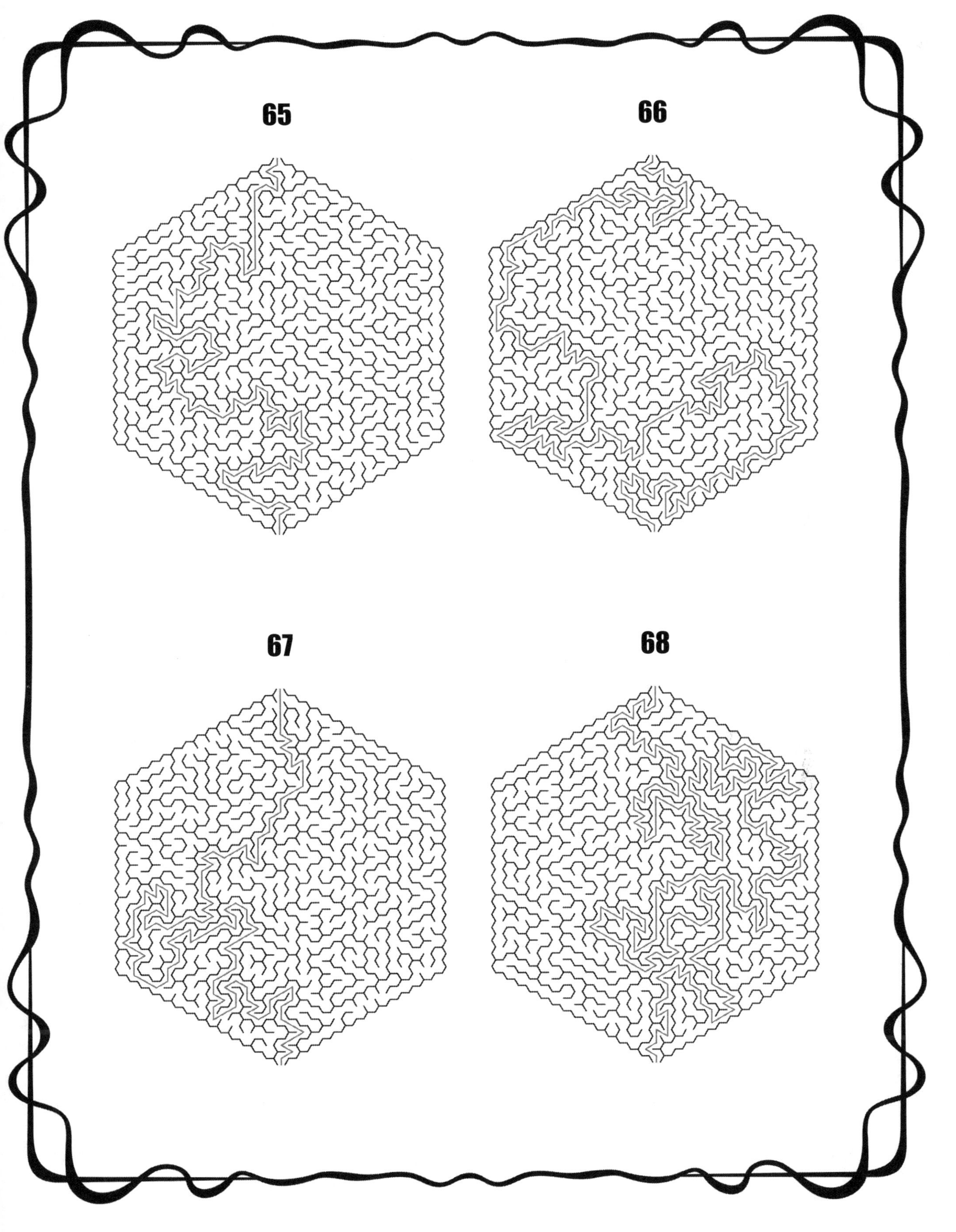

65
66
67
68

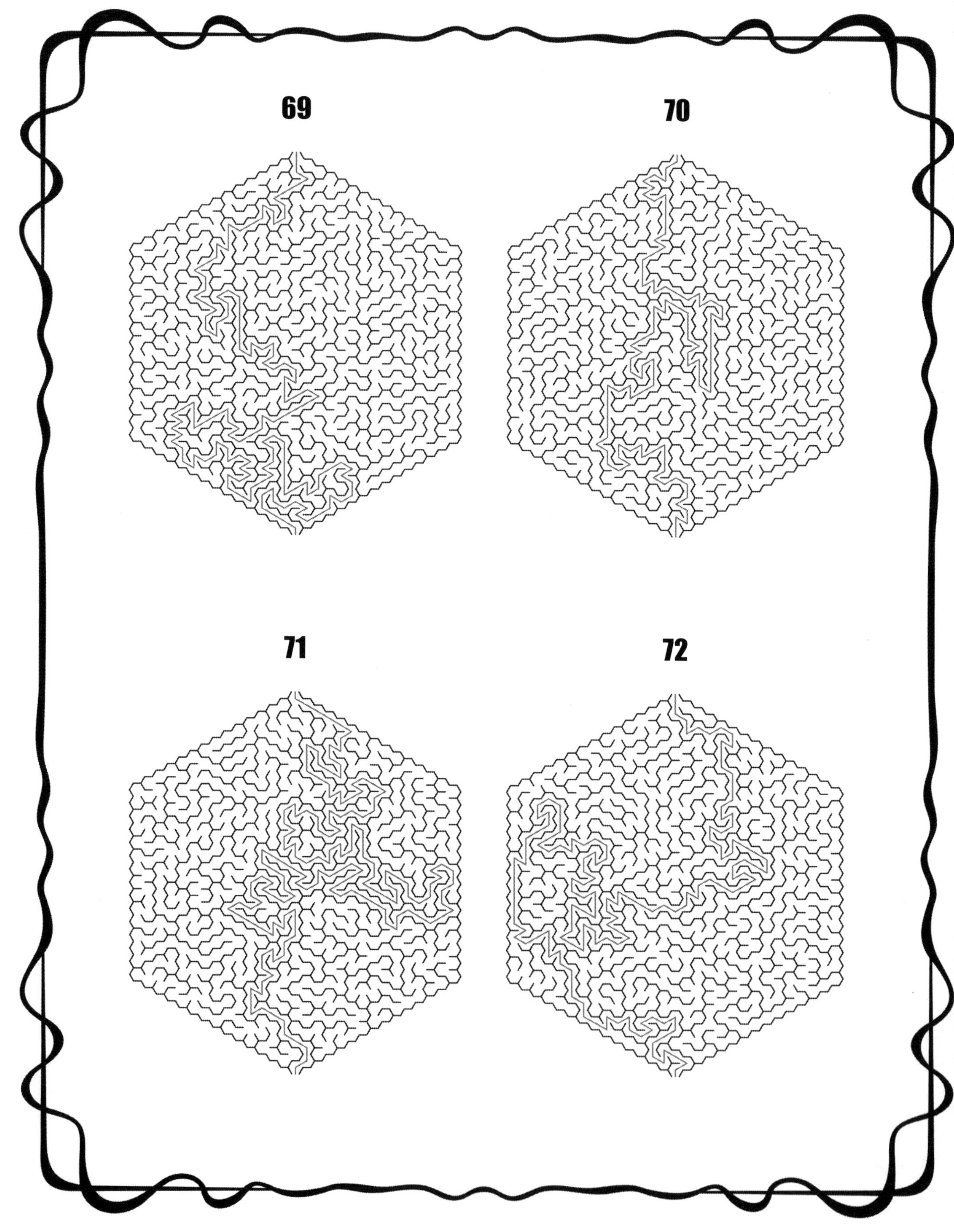

69
70
71
72

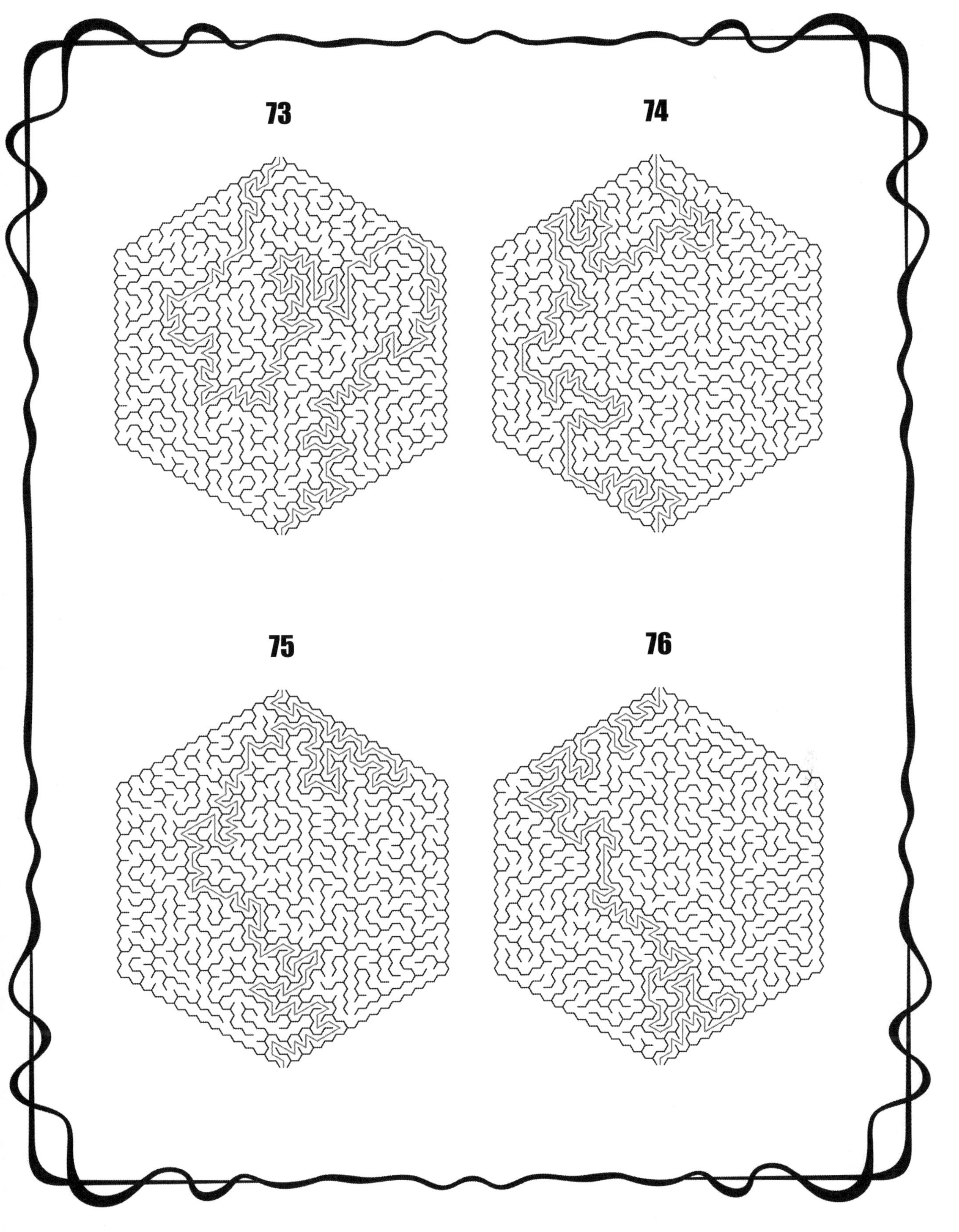
73
74
75
76

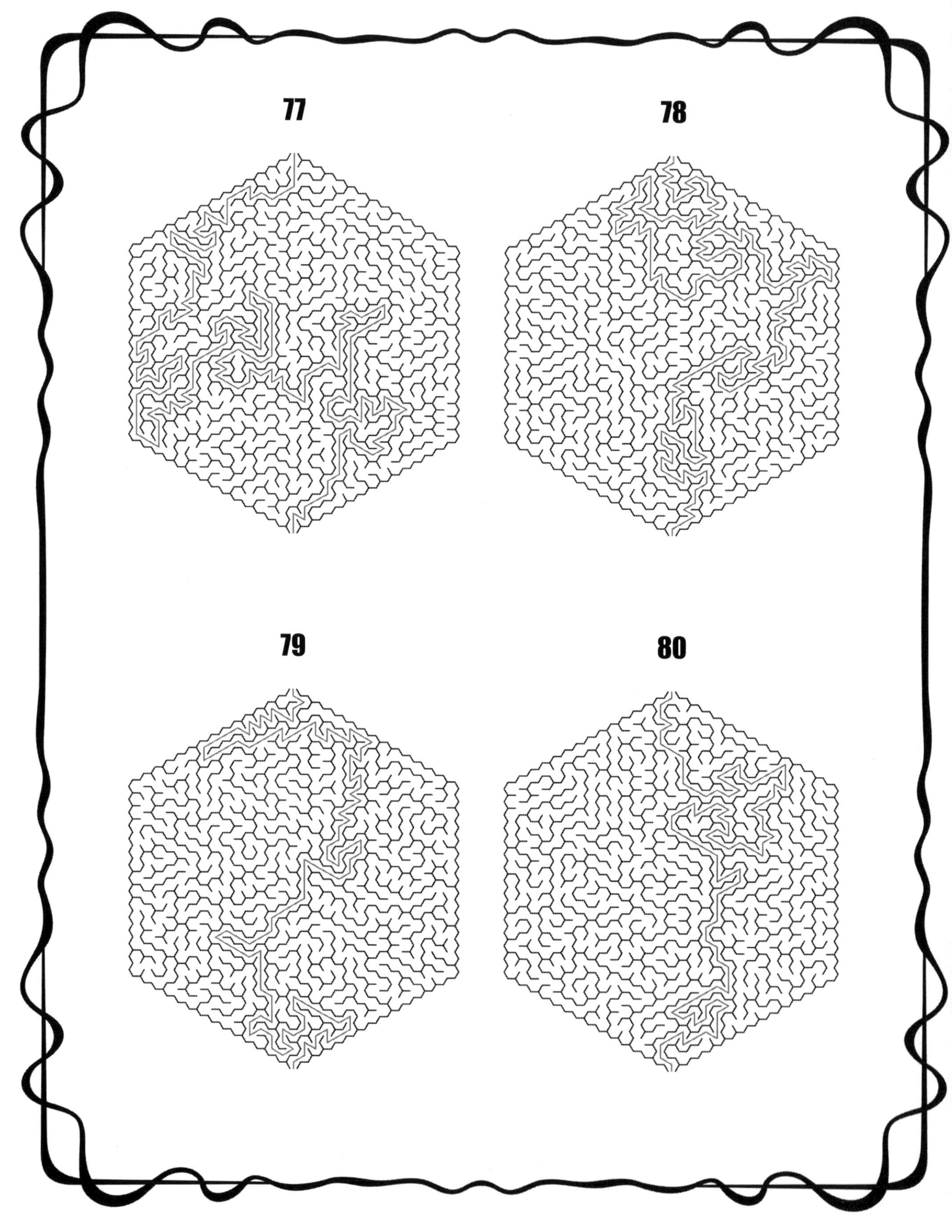

77
78
79
80

81

82

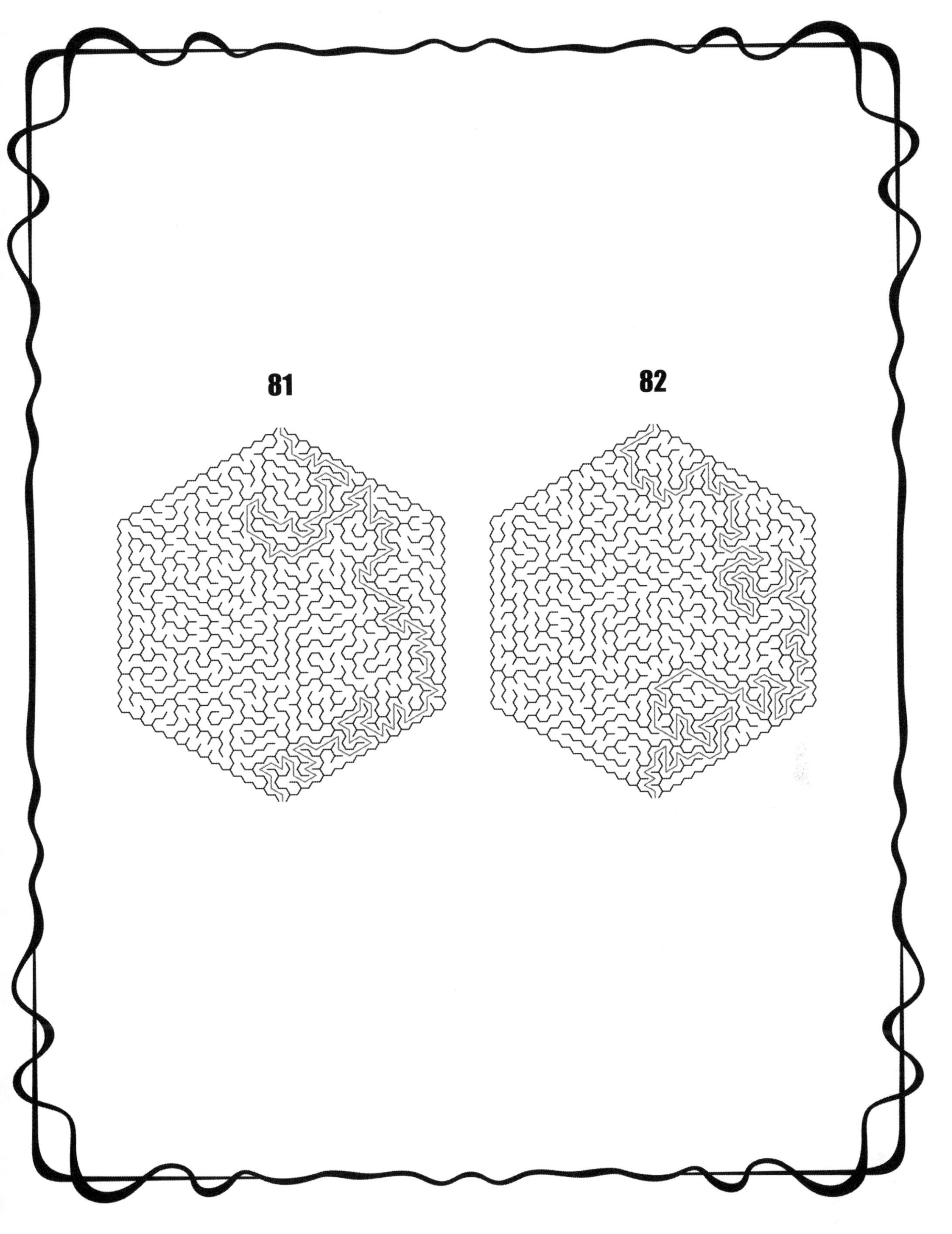

Made in the USA
Monee, IL
07 July 2026